遇見
未知的自己

張德芬—著

閱讀本書的小建議

本書在身、心、靈層面提供讀者許多具體可行的建議，但習慣不是一朝一夕建立起來的，因此，我們也不可能因為看了一本書就破除一個行之有年的模式。

我建議讀者，在身體和心理層面，先從你能夠切實做到的一個好的小習慣開始。身體層面，例如飲食或運動；心理層面，就是每天檢視：「今天有什麼人或什麼事讓我產生負面情緒？」然後向內探索原因。或者，你也可以讓自己在面對每天遇到的人、事、物時，學習「臣服」的功課。

每個好習慣一定要有意識地持續至少二十一天，才可能轉化為潛意識中的習慣（自動化了！）。希望與讀者朋友共勉之。

此外，根據我個人的經驗，書中的破解之道有：

1. 身體——連結
2. 情緒——臣服

3. 思想——檢視
4. 身分認同——覺察

這些功課都需要我們每天身體力行。祝福大家看完本書之後，能有一些收穫。

德芬

Contents

新版序

快樂幸福的真正途徑是向內探索

十多年前，我受到啟發，只用了五個星期不到的時間，寫下了《遇見未知的自己》，到現在，這本書都還是廣為流傳，被譽為個人成長領域的經典之作，這，當然不是我個人的創作。感覺就是有一些訊息，要透過我流傳到這個世界上，我很榮幸，承接了這個任務。十幾年來，因為這本書，我受到了無數的祝福和感恩，當然，自己的人生也是跌跌撞撞的在經歷書中的所有過程。那一句「親愛的，外面沒有別人」的金句，我自己一直在體會實踐，愈發覺得，當初寫下這句話時，真的不夠理解它的深意和精髓。如今歷經滄桑的我，才逐漸領悟出它的真諦。

後來陸續出了其他的書，但這本書的確是涵蓋了所有的重點，以至於多年後，我想修改、整理它的內容，都發現無有可修改之處。感謝廣大的讀者，在這十多年漫長的歲月中，陪伴我走過人生的高低起伏。如今的我，單身加空巢，安居樂業的在北京定居，並且認真的經營微信公眾號「張德芬空間」，希望用各種不同的方式，繼續支持我的讀者們，在人生的道路上，繼續成長，不斷體驗人生的各種風貌，並且持續的創造奇蹟。

心悅誠服的接納「外面沒有別人」這句話之後，我們要做的就是「個人責任制」，也就是說，發生在我們身上的事情，我們也許無法控制，但是我們永遠可以掌握自己對外在人事物的回應方式。大家也能理解，我們看待、回應外面人事物的方式，其實決定了我們的生活品質和命運。在這些年的探索中，我深切體會到一個人要成長改變的困難。很多人明白了很多道理，但是仍然不肯改變自己的思維模式、情緒習慣——也就是看待事物的觀點和我們以何種態度來回應人事物——這是決定我們快樂、幸福、成功與否的關鍵點。

我自己曾經在一段感情當中痛苦掙扎，知道了所有的道理，但是情緒上就是過不去，也因此而受苦了很多年。最後幫助我走出來的，還是情緒上的臣服，以及對宇宙（老天）的安排的接納。很多人就是不明白如何過情緒這一關，其實沒有別的辦法，就是老老實實的和你不喜歡的感受待在當下，去經歷它，讓它燃燒你，啃噬你的心，消除你的業力。一方面，要努力的提振自己的生活，積極的學習新知、探索新的事物，並且要做到：改變！！！

很多人為婚姻所苦，那就必須學會放下對它的期待，有它沒它都要過得好。

很多人自己內心恐懼糾結，投射到孩子身上，那麼就需要自己去看到自己的匱乏與對孩子的不公平，承認自己在利用孩子讓自我感覺良好。

我們指責的所有外在的人事物，其實都可以去回頭看到：是我們自己內在的問題，而不是對方。然而這「回眸一看」是最難的。承認不是老公不好，而是我對他有偏差的認知和不切實際的期望，的確不容易。承認不是孩子有問題，而是我把過多的期望放在孩子身上，沒有尊重他是一個獨立自主的個體，這也很困難。承認是自己對金錢有匱乏感，而不是真的缺錢，同時，我內在就是想為錢煩惱，所以錢才來煩我，承認這點這也不容易。

無論你的煩惱是什麼，你都可以在生活當中，找到和你有一樣問題、處在一樣情境中的人，但是人家過得很好，人家沒有煩惱，人家逍遙自在。所以，更加證實了：我們的問題是出在內在，而不是外在。

在個人成長的路上，誠實和勇氣是最重要的兩個特質。願意承擔責任，並且拿出勇氣去改變，是多麼的不容易。也因此，除了寫書，我也推出了很多線上和線下的課程，就是希望用各種方式去支持我的讀者，有更多的勇氣和真誠，願意為自己的幸福、快樂、獨立、自在而做出努力。

從小我們沒有被教導如何去取悅自己，做自己喜歡的事，相反的，我們被教導，要學習優良、做大家都在做的事情，學習各種才藝，要勝過別人，才能有出息、才能光宗耀祖、才能快樂。這是完全錯誤的方向。無怪乎很多人到了一定年紀，會茫然無措，不知道自己喜歡什麼，生活過得非常空洞、無趣。因為他們走錯了方向。真正的快樂是自己找到自己喜歡做的事情，不看成果，光是過程就能夠讓我們雀躍，這才是人生應該追求的目標。

我們現在物質生活愈來愈豐富，可是抑鬱焦慮的人愈來愈多，就是因為大家走錯了方向——都在外面的世界競爭、比較、抓取，很少人關注內心的滿足和喜悅。我希望《遇見未知的自己》這本經典之作，能夠繼續喚醒更多的人，提示他們快樂幸福的真正途徑是向內看，向內探索，取悅自己而不是取悅其他的人。能夠聽得進去並且及時修整自己的人，就能夠愈來愈幸福、喜悅。如果還是執著於外在的抓取、獲得，那麼人生的痛苦會愈來愈嚴重、劇烈。

對於人的痛苦，我總是有巨大的悲憫之情。當初寫這本書的時候就發下宏願，想要拯救更多的人脫離痛苦。但是，很多人願意沉溺在自己的痛苦之中，不願意改變，有時也讓我感到挫敗。我祈願自己能有更多的能力幫助更多的人體驗到快樂的滋味，當我們願意臣服、謙卑的放下自己的痛苦，而接納生命之流時，那種自由解放的感受，我希望更多的人能夠體會到。

謝謝你買了這本書，也希望我們因此而能有更多的連結。

德芬

再版序　生活是我們最好的上師

重新校閱《遇見未知的自己》的時候，讀到最後老人寫給若菱的信時，我還是忍不住淚流滿面。當初寫這一段時那個真誠、發心的能量還是在那裡，不時觸動我的心。

回首這幾年的時光，我的生命好像坐雲霄飛車一樣，上下起伏，精采絕倫。而我自己，當然有很大的改變。很欣慰的是，我沒有被排山倒海而來的名利沖昏了頭，也沒有被眾人的崇拜和感謝捧上了天。我還是那個瞎熱心、樂意助人、真誠面對一切的德芬。雖然常常因為過度熱心而遭受打擊和傷害，可是我把它們都當成映照我內在的鏡子，不斷地回觀自己、反省自己。

成名之後，雖然外在得到了很多，但生命是公平的，它也讓我經歷了人生的劇痛。在痛苦掙扎的谷底中，我翹首期盼那一絲陽光，還好它沒讓我失望，給了我對宇宙和生命的那一點點信任。就是憑著這一點點的信心，我最後終於走出陰霾，變得更加沉澱、淡定和從容。

就像我在這本書的後記裡所說的一樣，最終我發現，我們還是要願意去承認、接納自己的陰暗面，看到自己的不完美，然後接納它。同時，與自己的負面情緒相處，以及走出自身狹隘觀念的能力，也是決定我們快樂指數的重要因素。

而我愈是靈修愈發現，許多人靠著一個靈修體系或法門壯大自己的小我，失去了內心的柔軟度，也拿它們擋住自己的陰暗面，不去看自己的自卑和匱乏，反而強大了我執。這就說明了為什麼有那麼多的靈修中人（和老師）言行完全不一，讓我十分痛心。

後來有一段時間，我決定不上靈修課，書也少看了，只把注意力放在自己的內在，不斷地去「觀」，並且去體驗「生活就是我們最好的上師」這個道理。

後來，我又被引導著往「空」走去，不斷感受到自己是一個演員，此生來扮演「張德芬」這個角色，而我是有自主權的。如果張德芬的悲喜曲唱得走調、離譜了，我有責任、也有權利去修改自己的人生劇本。領悟了這一點之後，我變得更加感恩，因為說實在的，「張德芬」這個角色還是滿精采、滿豐富的，上半生就體驗到人家好幾輩子的遭遇和經歷，值回票價了！

多年來，不斷有讀者寫信向我表達感謝之意，我也在許多場合碰到讀者，跟大家都有很好的互動。我真的衷心感謝老天讓我寫了這樣一本可以幫助這麼多人的好書，我個人怎敢居功？無論見面與否，我和廣大讀者的靈魂都是相連、相通的，我自己不斷在成長，也希望繼續和讀者朋友一同前進。

紙短情長，我親愛的讀者，我永遠在這裡，也謝謝你們的陪伴。

自序　活出你想要的人生

有個男子一天下班的時候，經過一條黑漆漆的暗巷，看到一名女子在僅有的路燈下找東西。她非常慌張、著急地在找，讓這個男子不禁停下腳步，想助她一臂之力。

「請問妳在找什麼？」男子問。

「我的車鑰匙，沒有它我就回不了家了！」女子焦慮地說。

「妳大概掉在哪個位置，怎麼掉的？」

女子指向另一個暗處，說：「在那兒掏錢包出來的時候掉的。」

男子詫異道：「那妳怎麼不在那裡找？」

女子理直氣壯地回答：「那裡沒有燈呀，怎麼找得到？」

或許你覺得這名女子愚昧得可笑，但我們在尋找自己想要的人生、自己想要的快樂時，常常就像上面故事中的女子一般，找錯了方向。因為我們尋找的地方，表面上看起來好像比較容易讓我們找到想要的東西，所以我們費勁地在別人的身上、在這個外在的物質世界中尋求解答和快樂，結果卻都徒勞無功。原因就是：我們找錯了地方！

這就是我寫這個故事最大的動機：以一位都會白領階級的女性為主角，經由我們每天都可能遭遇的種種事件，逐漸把眼光從外在的世界，轉向我們的內在世界，進而發現大多數人竟然都不是自己生命的主人；更糟的是，我們是自己思想和情緒的奴隸！難怪我們無法獲得自己想要的人生。

「為什麼我不快樂？」「為什麼我不能擁有我想要的生活？」本書帶著你一步步從理性、科學的角度看到大多數人困惑的成因，並且從身心靈三方面去探討、研究主宰著我們人生的模式是如何形成，又如何操控我們的身心。當然，書中也提供了解除這些模式的有效方法，幫助我們從思想、情緒和身體的桎梏中解脫出來。

隨著本書女主角經歷生活中的起伏和衝擊，許多人生的課題和智慧也隨之展開。書中一些重要的配角人物（其中有些是名人，希望大家不要對號入座啊！）本身的經歷和成長，為我們見證了這些人生智慧的重要性和實用性。女主角最後在智者的指點之下，改善內在狀態，進而改變了外在的世界，就像春蠶破繭而出，迎風飛翔。

當我寫到這裡時，自己都忍不住落淚。我多麼希望看到更多人可以活出他們想要的人生，找回真實的自己呀！

因此，我真誠地希望閱讀本書的人都能夠從中獲得一些實用且具靈性的生活指南。我建議讀者在閱讀這本書的時候，不要急著一口氣讀完，最好可以讀完幾章之後，好好地咀嚼、反思一下，再繼續往下面的章節邁進。

若是能夠和好朋友或家人一起看、一起分享心得，效果會更好。如果只是浮光掠影地把它當成一般小說來看，可能會錯失一些可以幫助你改變人生的機會，因為書中這些人生哲理是需要去體會、去實踐的，而頭腦的了解並不能帶來任何改變。

相信很多讀者朋友看了書以後，會連結到自己實際生活上的某些問題。如果本書帶給你一點點心靈的觸動，進而讓你有些體悟和洞見，甚至解除了生活上的紛爭或情緒上的煩惱，希望你不要吝惜與我們分享。

01

一場奇怪的對話
我是誰？

「你是誰？」

「我叫李若菱……」

「李若菱只是你的名字，一個代號。我問的是：『你是誰？』」

冬夜，下著小雨。一輛凌志跑車在陽明山的山坡路上疾馳著，加速、急轉、超車，熟練的車技不輸賽車選手。

在雨天以這樣的方式開車，一般只有兩種情況：趕路，或者逃命。

而若菱根本不知道自己要往哪裡去。

但若是後一種情形，她卻又似乎並不在乎命。

「萬一對面有來車怎麼辦？」若菱想，「那正好！死個痛快！」

念頭一出，自己都嚇一跳！為什麼最近老是有想死的念頭？

其實這種「自我毀滅」式的思想和行為，對若菱來說已經是經年累月的習慣了。「活著好累！」這感覺一直是若菱人生的背景音樂，伴隨著她從小到大，每一個場景都不曾缺席。

而今晚和老公大吵一架，仍舊是重複過不知多少次的模式，把她推入哀怨的心理氛圍，彷彿又一次平空跌落在一個未經修葺的亂崗。

心在亂崗，身卻又再次奪門而出，想都沒想要去哪兒。

等回過神來，車子已經在上山的路上爬坡了。

突然，車子嗆了兩聲，居然熄了火。引擎怎麼也點不著，仔細一看，汽油早已告罄。

「該死！」若菱咒罵著，伸手在身上找手機。摸了半天，還打開了車內燈，就是不見手機的蹤影。「這下好了，手機也沒帶！」

若菱環顧窗外，一片漆黑。

在冬天的雨夜、在這樣一個荒郊野外的山區，一個沒有手機、車子又沒有汽油的孤單女人。

「每次這種事都發生在我身上，為什麼我就這麼倒楣？」若菱又忍不住自怨自艾起來。這時，她眼角的餘光掃到了一線燈光，那道光來自路邊不遠處的一間小屋。

若菱心想：「也許天無絕人之路，試試看吧！」

她提心吊膽地走到小屋前，找了半天看不到門鈴，便鼓起勇氣輕輕敲了敲門。

「進來吧！」屋裡傳來一個蒼老的聲音。

「居然沒鎖門？」若菱起了疑心，「到底要不要進去？嗯……先推開門看看再說吧！」

門「嘎」地一聲被推開，眼前是一間溫暖的小屋，居然還有壁爐在生著柴火。一位面目慈祥的白袍老人正興味盎然地看著她。

「進來吧，孩子。」

若菱像是被催眠一樣，隨著召喚進了小屋。

「坐吧！」老人招呼若菱在壁爐邊的椅子坐下，若菱卻只是站著，一臉戒備地看著老人，隨時準備在情況不對時就奪門而逃。

老人坐在爐邊，向若菱示意：「桌上有為你備好的熱茶。」

她嘴裡說著謝謝，腳可沒有移動半步。

老人一點也不在意若菱的防備心，笑著問道：「你是誰？」

「我……我車沒油了，也沒帶手機，想跟您借個電話……」若菱囁嚅著。

「電話可以借給你，不過你沒有回答我的問題，」老人搖著頭說，「你是誰？」

「我叫李若菱……」

「**李若菱只是你的名字，一個代號，**」老人微笑著堅持，「**我問的是：『你是誰？』**」

「我……」若菱困惑了，不明白老人到底想問什麼。

「我在一家外商電腦公司上班，是負責軟體產品的行銷經理。」若菱試著解釋。

「那也不能代表你是誰。」老人再度搖頭，「如果你換了工作，這個『你是誰』的內容不就要改了？」

在一個奇怪的地方，跟一個奇怪的人進行這樣一場奇怪的對話？

若菱這時感受到了屋子裡的一種神秘氣氛，以及老人身上散發的祥和寧靜氣質，這種神秘與安詳總讓人震懾。於是，她不由自主地坐了下來。

「我是誰？」

她的心終於在亂崗上聽到這個問題，像山谷回音般地在那裡回響著——我是誰？我是誰？我是誰？

在那一瞬間，若菱回想起過往的種種，禁不住潸然淚下。

「我是個苦命的人，從小父母離異，只見過父親幾面，十歲以前都由外祖父母撫養。繼父對我一向不好，冷漠疏離。為了脫離家庭，我早早就結了婚，卻久婚不孕，飽受婆婆的白眼和小姑的嘲諷，連老公也不表同情。工作上則老遇到小人，知心的朋友也沒幾個……」

若菱陷入悲傷自憐的情緒裡，迷濛中，一生的種種不幸、不公，好像走馬燈一樣在眼前閃過。

在一個素昧平生的人面前，若菱居然把醞了很久的辛酸苦水全倒出來，一點也不吝嗇，這讓她自己都很驚訝。

老人的目光現出同情。

「這是你的一個身分認同，」他緩緩地說，「一個看待自己的角度。」

「你認同自己是個不幸的人，是多舛的命運、不公的待遇和他人錯誤行為的受害者。你的故事很讓人同情，不過，這也不是真正的你。」

「等等！」若菱的心念突然一動，「我聰明伶俐、才華洋溢、相貌清秀、追求者眾！我是臺大畢業的高材生，才三十多歲就月入十幾萬，我老公……」

張嘴就提起老公，卻又戛然而止。

「是、是，我知道你很優秀，」老人理解地點點頭，「但這又是你另外一種身分認同，也不是真正的你。」

若菱剛剛被激起的信心又告瓦解，低頭沉思：「老人到底想得到什麼答案？」她一貫的好勝心此時蠢蠢欲動，心想，老人要的顯然不是一般世俗的答案，我就朝哲學、宗教的方向試試看！

於是，若菱再度答道：「我是一個身、心、靈的集合體！」

說完，她有些得意地看著老人，心想：「這回總該答對了吧！」

02

老人的讀心術
我不是誰？

我們人類所有受苦的根源，都來自不清楚自己是誰，而盲目地去攀附、追求那些無法代表自己的事物。

「那也不全對。」

老人帶著笑意的眼神雖然讓若菱有如沐春風的感覺，但脫口而出的話還是令人洩氣。

「你是你的身體嗎？」

「應該是啊，為什麼不是？」若菱拿出大學參加辯論隊練出來的功夫，用反證法來反問。

「從小到大，你的身體是否一直在改變？」

當然，那還用說。小的時候，自己真是個大胖妹，可是上小學時個子長高之後，就一直是瘦瘦的；三十歲以後，小腹和臀部的贅肉又逐漸增加。唉！人生真是無常……

況且，其實她看過報導，知道我們的細胞每隔一段時間（大約七年）就會全部換新。

誠然，我「有」一個身體，但我並不「是」我的身體。

「而你所謂的心，又是什麼呢？」老人打斷了若菱的思緒，其實她已經開始想減肥的事了。

「就是我們的頭腦啊，包括知識、思想、情感這些吧。」若菱含糊地回答。

「那我們試著從另外一個角度來看吧。」老人轉了個語氣，「你看得到你的思想嗎？你感覺得到你的情感、情緒嗎？」他好像又在設陷阱了。

「這……這是什麼意思？」若菱不解。

「你自己來檢查你的回答是否正確，我教你怎麼做。」老人說，「現在，閉上你的眼睛。」

老人的話帶著磁力和威嚴，若菱照做了。

「什麼都不要想，讓你的頭腦暫停幾分鐘……」老人說完，自己也定靜不動。

過了好像一個世紀那麼長，老人指示：「好，可以張開眼睛了。」

若菱皺著眉頭打開眼睛。

「怎麼啦？」老人明知故問。

「根本不可能讓頭腦停止，什麼都不想呀！」若菱抗議。

「是的，」老人微笑著點頭，「那你都在想什麼呢？」

若菱紅了臉，不好意思說她在想老人是不是什麼怪人，或者在搞邪魔歪道，自己被他指使著做些莫名其妙的事，也不知道反抗。

「你看到自己的思想了嗎？」老人理解地不再逼問她想些什麼了。

「是的。」若菱承認。

「那你的感覺又是什麼？」

「有點古怪，有點不安。」若菱老實回答。

「沒錯，你可以感受到自己的感覺。」老人點點頭，然後意味深長地看著若菱。

「嗯……我能覺知到自己的思想，也可以感知到自己的情緒，所以它們都是我的一部分呀！」若菱說得自己都覺得很有道理。

「你的意思是，主體和客體是一回事囉？」老人狡黠地問道。

若菱知道自己犯了邏輯上的錯誤。如果主體的我能感受到作為客體的思想和情感，那麼兩者不應同為一物。尷尬之餘，她只好答非所問地說：「其實，我只是想來跟你借個電話用用……」

老人不放過她：「所以，『我是誰』這個問題是很難從正面回答的，我們目前用的都是否定法——以上皆非。」

若菱突然福至心靈。「咦，你怎麼沒說靈魂呢？我們就是靈魂吧！」她有一種中了彩券的感覺！

老人只是意味深長地一笑。

「靈魂可以說是比較貼近答案的一種說法，但這個詞被很多宗教、哲學濫用，貼了太多色彩和標籤，沒有辦法貼切地表達我們真正是誰。」老人說道，「孩子，我們是在用言語表達言語無法表達的東西，這也就是老子說的『道可道，非常道』，所以我說用『以上皆非』來表達，還比較容易懂一些。」

「那真正的答案是什麼？」

「以後我會慢慢告訴你。」

說著，老人伸出食指：「你看到我的手指了嗎？」

「廢話！」若菱心裡想，不過還是順從地點點頭。

「**如果月亮代表我們真正的自己，而且它是無法用言語具體描述清楚的東西，那麼我們所有用言語去描述它的嘗試，就是這隻指向月亮的手指，而不是真正的月亮。**」

若菱疑惑地歪著頭，不知該怎麼接腔。

「好比說，從來沒吃過冰淇淋的人，你再怎麼對他描述冰淇淋都沒有用，是不是？」老人耐心地解釋，「但如果讓他真正嘗了一口，那麼所有的言語都是多餘的了……」

若菱有點睏了，真的不知道老人為何拉著她說這麼多令人困惑的話。

她瞥了一下四周之後發現，要命了，老人簡直是個隱居的高士，家裡居然看不到一部電話！

「我之所以告訴你這些，是要幫助你認清一些事實，因為**我們人類所有受苦的根源，都來自不清楚自己是誰，而盲目地去攀附、追求那些無法代表自己的事物。**你就是個最好的例子，不是嗎？」

言罷，老人彷彿有讀心術般地猜中若菱心裡的想法，伸手從一個櫃子裡面拉出一部老式電話。「用吧！」

03

做愛像去迪士尼樂園？
我們到底想要什麼？

追根究柢，快樂是大家都在追求的，

但為什麼真正快樂的人那麼少？

吵架之後通常是冷戰，若菱可以連續兩、三天對老公志明不理不睬，當他是透明人。不過，這次居然第二天就雨過天青，若菱的臉色好得像朵花。

但志明總覺得有點不對勁。若菱似乎有心事，連續好幾天都有些心不在焉，恍恍惚惚的。兩人之間本來話就不多，現在更是沒有交集了。

若菱和志明的故事，可以用才子佳人來形容。

他們是大學時的班對。理工科系的女生本來就稀少，像若菱這樣漂亮的女生更是奇貨可居，而志明則是高大英俊，兩人走在一起順理成章。大學畢業、志明服完兵役之後，兩人都順利申請到美國大學的獎學金，就這樣結了婚、一起出國留學。若菱改念企業管理，志明則繼續攻讀電機，拿到博士學位。

回到臺灣之後，若菱以高學歷和在美國工作過的背景，順利進入一家外商公司。志明則回到母校任教，從副教授做起，現在已經是正教授了。

總之，兩人從戀愛到結婚，都相當地平穩而順遂。

只有一個問題。

結婚之後，若菱一直沒能懷孕。志明本人倒還無所謂，但他的傳統家庭似乎有點無法接受。

一晃眼，結婚十多年了，兩人的感情已經淡漠得像路人。就是所謂的老夫老妻，但欠缺了夫妻之間的親密與交流。

一開始，他說，她說。後來，他們一起說。再後來，她說，他不說。最後，她也不說了。

若菱的想法比較偏激，負面情緒很多，志明每次開口想聊聊自己的事，就被若菱連珠炮似的負面評語搞得不想再說了。

問她工作上的事就更麻煩了。她一開口就會把公司說得前途黯淡，老闆和同事都糟糕至極，彷彿她每天在辦公室都過著牛馬不如的生活。

久而久之，志明覺得煩了，便不願多問多說，兩人在心靈上漸行漸遠。

那一夜，志明因為加班，所以回家得晚，若菱也剛到家。兩人都疲憊不堪，回到沉悶的家中，誰也沒好氣。

假如家裡有孩子或寵物，一回到家，能量和興致可以一下子高漲起來。然而，他們兩人的家裡只有靜滯的空氣。

志明肚子餓，看到空空如也的廚房和冰箱，實在是一肚子火，便與若菱短兵相接，唇槍舌戰。多年下來，雙方嘴上過招的功夫都已練得爐火純青，根本不必多言，勝負立決。

高手就是高手。

志明一句「不會生孩子，總會做飯吧」，就觸痛了若菱的要害，讓她勃然大怒，奪門而出。

而經歷那個雨夜的奇遇之後，若菱就經常一副若有所思的樣子。

她開始思索一些自己以前從來沒想過的事情。

我們到底是誰?大學、研究所都沒有教過,從小到大也沒聽人說過這件事。

那夜分手的時候,老人還留了一項功課給若菱思考:「我們追求的到底是什麼?什麼是世界上所有人都想要的事物?」

「李經理,從你們行銷的觀點來看,我們這項產品升級以後,用這個角度切入市場怎麼樣?」業務部門的老總陳達打斷了若菱的思緒,冷不防地問道。

「嗯,依我的觀點……」還好若菱反應快,可以立刻從思緒中抽身,滔滔不絕地說下去,否則肯定會在這個重要的幹部會議上出糗。

「我們到底想要什麼?」看著隨後侃侃發言的老闆,若菱私下揣度著。

她的老闆王力是公司的行銷總經理,才四十出頭,在爬升公司職位階梯的過程中無所不用其極,企圖心超強。他想必是要錢——當然,誰不想要?

若菱的公司併購另外一家小公司時,王力是那家公司的老總。小公司的人事部經理不知是一時疏忽還是對老闆不滿,居然把全公司的薪水資料e-mail給所有人,公司員工因而知道他們老闆的年薪加紅利居然有千萬之多。一般公司被併購之後,子公司的老總難免淪為「黑五類」，之後悄然隱退，但這個王力反而扶搖直上，愈來愈旺！

「他肯定很有錢了，」若菱想，「但企圖心還是這麼強烈，顯然權力也是他想要的。」

「我不贊同你的看法。」另一個業務部門的經理李逵直言不諱地反駁王力，「對老客戶可以這麼做，但是對新客戶，我們必須提出一個更有吸引力的訴求，才能讓他們願意改用我們的產品。」

李逵前兩年因為肝病入院，休養了一年才回到工作崗位，從此戒菸、戒酒、戒色，可見惜命如金。

這提醒了若菱：「啊，我們還想要健康。」

當然，除此之外，每個人都在追求愛和快樂。

對於自己在這麼短的時間內就做好老人交代的功課，若菱感到很滿意。就是嘛！財富、權力、健康、愛和快樂，不就是人人都在追求的？

若菱志得意滿地笑了起來。

「李經理，這麼高興啊？昨天晚上跟老公很愉快哦？」另一個產品部門的行銷經理黃玉魁帶著一貫色迷迷的笑容問若菱。

「咦，已經散會啦？」若菱痛恨他話中有話，老是藉機在口頭上吃人豆腐。

「我還有事，再見！」

回到自己的座位上，她想著那個討人厭的色鬼。他要的是什麼？性嗎？他要的當然不是愛！那傢伙的下屬對他也很不屑。出去和客戶應酬的時候，黃玉魁帶著下屬去，用自己部門的行銷經費支付喝花酒的錢，而且公然帶著小姐上樓「辦事」，讓下屬看傻了眼。

那麼，「性」能否歸入「快樂」這個範疇？

應該可以吧，若菱想。那種人追求的是什麼樣的快樂呢？就是那幾秒鐘的高潮嗎？這真像去迪士尼樂園排隊玩遊樂設施一樣，費了半天工夫，只為了爽那麼幾下，真是不划算。那些追求性刺激的男人應該還有更深一層的動機吧？

追根究柢，快樂[1]是大家都在追求的，但為什麼真正快樂的人那麼少？若菱百思不解，心想，下次一定要好好問問老人！

04

我為什麼常常不快樂？
失落了真實的自己

我們每個人都在追求愛、喜悅與和平，但為什麼幾乎人人落空？

胸有成竹的若菱帶著準備好的答案和滿腹的疑問，再度拜訪老人。輕輕敲門之後，屋裡依舊傳來那句「進來吧」，門就應聲而開了。

若菱進了屋，這次她比較有心思和時間打量老人的居住環境。老人的住所極其簡單，傳統中式家具、簡樸的布置，就是那個洋裡洋氣的壁爐顯得有點突兀。

「這個星期過得好嗎？」一坐下，老人就問她。

1.可參考達賴喇嘛的《快樂》，以及《人生的四大秘密》二書。

「挺好的。」若菱小心翼翼地回答。

然後，兩人就陷入沉默之中。若菱聽著柴火發出劈哩啪啦的聲響，不知如何開口。半晌，她有些遲疑地說：「關於上次你要我思考的問題……」

「哦，你想出來了嗎？」

「嗯，我想，每個人都在追求財富、權力、健康、愛和快樂！」一邊說，若菱一邊偷看老人的反應。

「嗯，」老人點頭，「那你呢？你追求的也是這些嗎？」

「我？我當然希望有一定的財富……」若菱對於金錢一直有很深的不安全感。

「有了財富以後，你會怎麼樣？」老人問。

「會比較開心，不再為未來擔憂啦！」若菱簡直不敢想像，這輩子如果有花不完的錢財，會有多爽！想到可以走進任何一家自己喜歡的名品店，不看標價就隨意選購看中的東西，她就覺得飄飄然。

「權力呢？」老人打斷若菱的白日夢。

「嗯，我現在不是特別想要追求權力，因為其他的基本要求好像都還沒有滿足……」

「如果你很有權力的話，會覺得怎麼樣？」

「那……我應該會覺得很滿足、很過癮！」若菱想像自己當上公司總裁之後的神氣模樣，到時就可以對現在的眾多長官擺派頭、耍威風，頤指氣使，真是酷斃了！

「有了健康之後呢？你又會如何？」

除了小感冒之外，若菱沒生過什麼大病，所以她對健康的感受不深，但她可以想像那些曾經失去健康、又失而復得的人，會多麼珍惜這件事。「有了健康就會很快樂，很好啊！」

「好，」老人的一連串詢問似乎告一段落，「所以這樣一路探究下來，我們人類所要追求的東西，也不過五個字就可以表達出來！」

「五個字？」若菱有點失望，她還以為會比自己想的更多呢，豈知更少。

老人拿起一支粉筆，在地上寫下：愛、喜悅、和平。

若菱有點錯愕，看著老人，等他解釋。

「你剛才說的那些人類所追求的東西，例如權力、財富、健康，最終還是在追求喜悅與內心的和平，不是嗎？」老人探詢若菱的意見。

「是可以這樣說啦，但快樂和喜悅又有什麼差別呢？」若菱不懂。

「快樂是由外在事物引發的，它的先決條件就是一定要有一樣讓我們快樂的事物，所以它的過程是由外向內。」老人順便理了理自己長長的白鬍鬚，「然而這樣一來，就出現一個問題啦——」

老人看著若菱，眼裡是意味深長的破折號。

而若菱的臉上只有一個大大的問號。

「這個問題就是：**既然快樂取決於外在的東西，那麼一旦那個令你快樂的情境或事物不存在了，你的快樂也會隨之消失。但喜悅不同，它是由內向外的綻放，從你內心深處油然而生的。所以一旦你擁有了喜悅，外界是奪不走的。**」

若菱聽得發癡。她此生連真正的快樂都很少體會到，更別說喜悅了。

「而這裡所說的愛，也不是一般的男歡女愛，而是真正的愛，無條件的、不求回報的……[2]」老人繼續闡釋。

「就像父母對孩子的愛？」若菱雖然這樣問，但她自己從來沒有享受過父母那種無條件的愛。若菱的父母自顧不暇，沒有多餘的愛給她，所以她從小就只能羨慕別

2.請參考奇蹟資訊中心出版的《無條件的愛》一書。

人，或是在看電視、電影的時候，想像自己是個幸運的孩子。

「是的，**有些父母的確可以表現出真愛的特質，但很多父母卻是以愛為名，將孩子視為自己的財產，讓小孩為他們而活，而不是尊重孩子自己的生命歷程。**」老人此刻顯得有點嚴肅。

若菱低下頭，紅了眼。她自己的父母好像視她為無物，她倒寧願父母把自己當作財產，橫加干預、嚴厲管教，而不是不聞不問。

「好孩子，」老人委婉相勸，「父母也是人，他們有自己的限制，但是你要相信，在過去的每一刻，你的父母都已經盡其所能地在扮演自己的角色。他們也許不是最好的父母，但他們所知有限，資源也有限，在諸多限制之下，你所得到的已經是他們盡力之後的結果了，你了解嗎？」

若菱委屈地點點頭。老人的話確實可以安慰若菱受創的心，只是她內在始終有個遺憾，永遠的遺憾。

在迷茫的淚水中，若菱抬起頭，看著老人。

「我知道你要問我什麼，」老人又在發揮讀心術了，「你想問我如何才能得到愛、喜悅與和平，是嗎？」

「是的。而且，我們每個人都在追求這些東西，但為什麼幾乎人人落空？每個強顏歡笑的背後，隱藏了多少辛酸？為什麼會這樣？」若菱愈說愈激動，似乎代表全天下人在發出不平之鳴。

「因為，」老人等她說完，簡單而平靜地回答，「你失落了真實的自己。」

05

人生就像一場戲

角色面具

我們天天都在演戲，扮演好員工、好朋友、好國民、好子女、好媳婦、好女婿、好父母，甚至好人！然而這些角色中，有多少是我們心甘情願演出的？

難怪老人一見面就問「你是誰」，他算準沒人答得出這個問題。至少，他想要的答案沒人答得出來。

若菱坐在辦公桌前，看著窗戶外面的車水馬龍，癡癡地想著。

今天是週五，傍晚的交通格外擁擠，隔著窗戶，若菱都可以感覺到這個城市今晚的騷動。早上匆匆忙忙上班的人，在五天的名利角逐征戰之後，總算能夠休息兩天去追求娛樂，期待某種程度的放鬆。

家人相聚、打小白球或做其他運動、泡夜店、會情人、看電視、看電影、睡大頭覺、打麻將……放鬆之後，準備下週一重新投入戰場。

當然，大都會之中不乏那些從來都不休息的人。他們週末不是繼續加班工作，就是要應付家裡老中青三代不同的需求，而且自己的家人還不夠看，還得應付姻親。另外，很多私人事項也必須在週末處理掉。

忙碌、忙碌，每個人都很忙碌。追求、追求，每個人都在追求。

然而，為什麼這個社會、這個世界，以及我們人類，卻沒有愈來愈好呢？

「若菱，怎麼還不走？」鄰座另一個產品部門的行銷經理陳玉梅拿著包包問道。在這個幾百人的大公司裡，她是若菱唯一談得來的好友。玉梅三十出頭，還沒有結婚，兩個人很投緣。

「哦，馬上就走了！」若菱回答。

「Ok, bye. Have a nice weekend!」玉梅打扮得花枝招展，顯然下班前已經換好裝，並且化了一臉濃妝。

「沒結婚真好！」若菱心想。沒結婚，只有一個家；結了婚，卻一下子有了三個家庭：你家，我家，我們家。

對若菱來說，年少時的「我家」就是一個冰窖，好不容易逃了出來。然而，自己的「我們家」，如今氣氛也是冷冰冰的。

不過跟「他家」比起來，「我們家」算得上是春天了。

若菱之所以拖著時間、下班了還慢吞吞地不走，理由無他，只因為今天得回婆家，和小姑、婆婆吃飯。若菱的原生家庭已經是百中挑一地悲慘了，她的婆家更是倒楣冠軍——當然，是從媳婦的角度來看啦！

婆婆早年就守寡，一個人帶大兩個孩子。小姑長得不錯，偏偏一把年紀了還雲英未嫁，急壞了婆婆不說，自己的個性也變得很古怪。

若菱結婚多年未孕，婆婆嘴上不明說，但言語和臉色的暗示讓她很不好過，偏偏小姑還在一旁敲鑼打鼓地幫腔。因此，若菱視每週回婆家相聚為畏途，能拖則拖，能避就避。避不了，就故意在週末安排別的活動，因此「只有」週五有空，這樣可以避免下午四、五點就得回去，而且去的時候還可以因為週五晚上容易塞車，或是老闆臨時交代點東西要趕而遲到。然後，吃完飯還可以說：「哦，上了一天班，真有點累。不好意思，我得先回去了。」

這種戲碼每週上演一次，若菱痛苦不說，婆婆和小姑也心知肚明，於是雙方的隔闔愈來愈深。

坐上志明的車，若菱又在思考老人臨別時交代的功課。這次他說：「你好好想想，我們到底是誰，還有，究竟是什麼東西造成阻礙，讓我們看不見真正的自己。記住，**死亡來臨時，會把所有無法代表真正的我們的事物席捲一空，而真正的你，是不會隨時間、甚至死亡而改變的。**」

「今天上班怎麼樣？你們什麼時候要辦產品升級發表會？」志明照例詢問若菱工作上的事，作為破冰的開始。

「嗯，下週吧！」

看著兩邊的路燈向後飛馳，若菱的心也飛到了那個溫暖的小屋，隨著壁爐的火光起舞，想起老人最後給的一些提示：

「我們從小到大都有一個意識，那個意識從你有記憶以來就一直存在，陪著你上學、讀書、結婚、工作。所以，我們內在有個東西是一直沒有變的。儘管我們的身體、感情、感受、知識和經驗一直都在改變，但我們仍然保有一個基本的內在真我，作為目睹一切的觀察者。這個內在真我不會隨你的身體而生，也不隨著死亡消失。它

可以觀察人世百態，欣賞日出月落、雲起雲滅，而歲月的流轉、環境的變遷，都不會改變它。」

若菱內在有些東西和老人的話起了共鳴。的確，那個基本的有一個「我」的感覺一直存在，不曾改變，那為何我們感覺不到真我的愛、喜悅及和平？

到了婆家門口，志明停好車，喚醒了沉思中的若菱。她慢吞吞地下車，深深地吸了口氣。

「又要上場演戲了！」這個念頭在電光石火之間，讓若菱的精神為之一振。

我們每個人不都是天天在演戲，扮演好員工、好朋友、好國民、好子女、好媳婦、好女婿、好父母，甚至好人！然而這些角色中，有多少是我們心甘情願演出的？為了演好這些人生大戲的不同角色，每個人都必須因時因地戴上某些面具。難道這就是我們看不見真我的原因之一？

若菱對自己的發現感到非常興奮，喜上眉梢，連聽到小姑從屋裡應聲開門的聲音，都覺得親切。

「既然得演戲，就好好演，好歹角逐一下金馬獎！」若菱想，「誰怕誰呀！」

06

層層包裹的同心圓
未知的自己

翻閱古老的經典，看看那些智者的言語，
就會發現他們說的都是同一件事：人的本質就是愛、喜悅、和平。

若菱又開車上山，這次是輕車熟路了。

此刻，她的心情既興奮又緊張。每次要見老人之前，她就會有這樣的感受。一路上，若菱還在為昨晚的事情感到困惑，或者說是好奇吧。

昨天晚上在踏入婆婆家門之前，若菱決定扮演一個好演員。她微笑地向小姑打招呼，到廚房去看婆婆，並且真誠地要求幫忙，和以往客套的虛與委蛇完全不同。在飯桌上，她突然覺得婆婆做的菜還真好吃，由衷地讚美了幾句。

結果，若菱發現臉上帶著微笑的婆婆眼中散發出光芒，以往在若菱眼中刻薄的嘴角、嚴厲的眼神，昨晚竟然消失無蹤，好像奇蹟一般。

離開的時候，婆婆甚至交代一句：「工作別太辛苦了！」

若菱感受到她由衷的關懷，第一次覺得有些捨不得離去，真是破天荒！

「這就是以假亂真嗎？」若菱納悶，「為什麼我轉變了自己的狀態，她也會有這麼大的改變？」

「進來吧！」

正在門口發呆的若菱還來不及敲門，門就「呀」地一聲打開了。門後，是老人慈祥的笑臉。

每次來到小屋，若菱渾身都會放鬆下來。

這裡不是家，卻有家的溫暖，她的每個細胞來到這裡都會微笑。

若菱輕鬆地坐下，卻很急切地開口：「我發現了一件事：**我們在世界上扮演的種種角色會遮蓋我們的真我。還有，我們如何扮演自己的角色，會影響別人和我們的互動！**」

老人看著若菱。此時的她因為興奮而兩頰緋紅，眼中洋溢著青春的光彩，和那個在雨夜有家歸不得的失意女子判若兩人。

「很好！很好！」老人讚賞著，「別走得太快，我們一步一步來，你還有很多問題沒有獲得解答呢！」

「是啊。為什麼我們這麼努力，卻還是追求不到自己想要的幸福？真我和愛、喜悅、和平之間又有什麼關係？為什麼我們會遠離真我？光是角色扮演就能遮擋我們原來的面目嗎？」若菱連珠炮似地提問。

老人看著自己的得意門生，很欣慰她在這麼短的時間之內，就清楚地抓住這幾個重點。

接著，他拿起粉筆，在地上畫了一個圓。

這代表完美的人生，對吧？若菱尋思著。或者，這是一個套子，而我們是裝在套子裡的人？思忖間，老人的手並未停住，在圓的外面又畫了一個大一點的圓。然後又一個、再一個，最後成了一組同心圓。若菱迷糊了。只見老人在最中間的那個圓圈裡面寫上：真我／愛、喜悅、和平。

接著，老人向若菱解釋道：「如果這個圖可以代表人的心理機制的話，真我是被團團包圍起來的，很難碰觸得到！」然後，他指著周圍其他的大圈圈，「猜猜它們是什麼？」

「最外面這個一定是角色扮演，也就是我們要戴的面具囉！」若菱還是不忘自己偉大的新發現。

「沒錯，就是它！」老人同意，並在最外面那一圈寫上：角色扮演／身分認同。

「其他的……嗯，我猜，既然是心理機制，那就應該還有思想、態度、行為習慣等層面的障礙吧！」若菱想起不知在哪裡看到的「思想改變態度，態度改變行為，行為改變命運」之類的說法，便拿來胡謅一番，也不知是否有用。

老人思忖著若菱的話，半晌之後說道：「嗯，我們這樣說會比較具體。」接著繼續在同心圓裡寫上「思想」、「情緒」、

「身體」。

寫完之後，老人拍拍手，撣去手上的粉筆灰，然後看著被一堆圓圈搞得有點頭暈的若菱說：「我們失去了與真我的連結，但人類還是要有『自我感』，於是我們向外發展，認同自己的身體、情緒、思想，以及角色、身分等，而一般人所謂的『小我』『自我』（ego）於焉產生，汲汲追求外在的物質事物，以獲得滿足。」

若菱確定這是她這輩子看過最抽象、最難懂的圖。

她決定不畏艱難，先從最核心處開始發問：

「為什麼真我就是愛、喜悅、和平？」

「為什麼瓜熟就會蒂落？」老人反問，「因為這是最自然不過的事情了。你去翻翻古老的經典，看看那些智者的言語，就會發現他們說的都是同一件事：人的本質就是愛、喜悅、和平。」

若菱其實沒有任何宗教信仰，沒碰過佛經或《聖經》，對所謂的「古代智慧典籍」也素來興趣缺缺，只在學校的課本上讀過一些孔子、老子的簡單教導，因此不知該如何印證老人所言為實。

「任何可以丟棄自己不實的身分認同，且不被自己的思想、情緒及身體限制和阻礙的人，都能展現出真我的特質。」

老人繼續說教，但若菱真的想不出生活中有哪個人看起來可以真正活出愛、喜悅與和平，彷彿只有德蕾莎修女或甘地那樣的偉人才有資格，可是他們離我們現代人如此遙遠……那種境界是可望不可即的。

老人看著滿臉疑惑的若菱，遺憾地搖著頭說：「好啦，我會開一張書單給你，並介紹幾個能夠活出真我特質的人，好讓你去拜訪他們，眼見為實。」

若菱笑逐顏開，覺得這個經歷愈來愈好玩了。老人還會介紹朋友給她？真是太有趣了！

看著慈祥和藹的老人，她突然覺得，眼前這個人不就是愛、喜悅與和平的化身嗎？

「我們每個人都在尋求愛、喜悅與和平，對嗎？」老人再度問道。

若菱點頭。

「那我問你，如果你從來沒吃過冰淇淋，你對冰淇淋會有渴望嗎？你會想著冰淇淋而流口水嗎？」

若菱不知道老人為何那麼喜歡冰淇淋，不過他說得對，沒吃過冰淇淋的人並不了解它的滋味，怎麼可能會有想吃冰淇淋的欲望呢？

「所以，**愛、喜悅與和平是我們曾經擁有的，甚至是我們的本質，我們才會如此熱切地追尋它們。**」老人繼續舉證，「還有個簡單的例子，你看看所有的小嬰兒就知道了。」

若菱的心抽了一下，隨即低下頭來。這是她心中的痛。在路上、電視上、雜誌上看到那些可愛的小嬰兒照片，從滿懷愛憐、嚮往，到心生哀愁、怨懟，結婚十多年來，這段心路歷程走得可不容易，只有當事人才能知道箇中辛酸。

老人說的話，若菱可以理解。看到小嬰兒時，每個人都會打從心裡湧出一股喜悅與愛。孩子似乎可以和天使畫上等號——當然是在他們不哭鬧、不拉屎、不撒尿的時候啦！

「孩子的哭鬧是生命能量的自然流動，完全無損他們的本質。哭完、鬧完之後，他們可以一下子又回到內在和平、喜悅的境界。是大人自己沒有辦法承受，反而去打壓他們，才會造成問題的！」

看著若菱一臉無法理解的神情，老人又補充道：**「孩子的負面情緒會勾起父母自己內在壓抑、隱藏了多年的痛，所以，父母會不顧一切地用勸慰、轉移，甚至恐嚇的方式，讓孩子停止表達負面情緒。然而這樣一來，父母等於在重蹈覆轍，讓孩子也跟他們童年時一樣，無法好好表達情緒，因而造成創傷。」**

07 這個世界是由什麼組成的？
能量爭奪戰

為什麼工作情緒比較差，製造出來的車子性能就會比較不好？難道是工人的負面能量會傳遞到他經手製造的機器上面？

若菱每次離開的時候，都是帶著功課走的，這次也不例外。

老人要她先去體察一下，這個世界的實相究竟是什麼。不過，若菱完全不懂「實相」的意思。

老人問她：「你知道組成物質的最小分子是什麼嗎？」

若菱語塞。她出校門太久了，平時也從來不看什麼科學類的報章雜誌，根本搞不清楚老人的問題是什麼意思。「物質……嗯，科學家找出了原子、中子、質子……最後好像又說找到什麼粒子……」她硬著頭皮，含糊地回答。

老人莞爾一笑，敲敲前面的桌子，然後說了一段讓若菱一頭霧水的話：

「**我們通常認為空間是空的，而物質是實在的。但事實上，任何物質在本質上都是空的。**現代許多偉大的物理學家告訴我們，即使看起來像固態的物質，包括你的身體在內，它們的內部幾乎是百分之百的『空』——原子和原子之間的距離，遠超過它自身的尺寸。在所有原子和分子的內部，粒子其實占據很小的空間，其餘全是真空。而且事實上，這些粒子不停地消失和出現，像音符的波動一樣，是振動的頻率，也就是能量，而非一成不變的。」

除了這席話，老人還推薦《生命的答案，水知道》[3]讓若菱參考，並向她簡單說明這本書的內容：

「日本有一位名叫江本勝的博士，他讓水分別聽音樂、讀文字、接收電磁波、看圖片，給它不同的意念，然後將水冷凍兩個小時。接著，他透過顯微鏡觀察水的結晶，結果竟然發現水結晶會因為聽到、看到、接收到的訊息和意念是好是壞，而產生莫大的變化。」

3.《生命的答案，水知道》，江本勝著，如何出版社。

若菱聽得目瞪口呆、半信半疑：「這樣說來，任何事物都是能量了啊！」

不僅是眼睛所見的一切物質，連看不到的聲音、思想、意念、情感，都是某種具備特定振動頻率的能量啊！這真是一個很好玩的觀念。

但是，那又怎樣？跟我們有什麼關係？

若菱望著週一早晨的臺北街頭沉思著。從她位於十樓的辦公室看出去，整個城市瀰漫著一股緊繃、壓抑的氣氛。

難怪人家說，美國人在週一和週五生產的車子不能買，因為基本上，這兩天是工作情緒比較差的日子。不過，為什麼情緒比較差，製造出來的車子性能就會比較不好？難道是工人的負面能量會傳遞到他經手製造的機器上面？

若菱隱約記得報紙曾經報導過，那些量子物理學家證實：觀察者會影響實驗的結果，所以不同的人做出的實驗結果是會有差異的。

她知道有些人特別愛花、愛動物，說也奇怪，那些植物及動物的成長、發展和表現也會因人而異。這麼說來，在某種程度上，我們與所有存在的生物之間都有能量振動的交流、互動囉？

「開會囉！」玉梅提醒陷入迷離思緒中的若菱。

為了不那麼匆忙，若菱特別提早到辦公室，沒想到還是屁股沒坐熱就得去開會了。

一進會議室，若菱就覺得氣氛有點不太對勁。老闆王力此刻面無表情地坐在公司老總陳文立旁邊，不過面無表情本身就是一種表情，若菱感覺得出來他很不高興。

業務老總陳達則是老神在在地坐在另外一邊，不知道肚子裡打的是什麼算盤。在公司裡，業務和行銷兩個部門之間的關係向來有些緊張，業務部的同事總是埋怨行銷的工作沒做好，讓他們的工作推行困難，行銷同仁則覺得業務人員沒有好好把握住行銷部門舉辦各種活動所帶來的潛在客戶，而且常常不支援行銷活動，包括提供資源與人力等等。

「這也是能量的作用吧！」若菱偷偷觀察老闆們的臉色，一面想著，「老闆的負面能量雖然沒有完全表露出來，但我們還是都感覺得到。」

業務老總果然開始放炮：「我看了行銷部門有關這個新產品的廣告宣傳和新聞稿，覺得自我意識太重，光談自家產品，卻隻字不提我們的競爭對手，還有客戶。」

若菱老闆的臉色此時明顯不太好看。若菱也急了，很想開口辯解，但還是決定看老闆怎麼應付再說。

公司老總陳文立今天倒是意氣風發，因為臺灣一家極具權威的商業雜誌剛剛遴選他為「年度業界風雲人物」。他出來打圓場：「新聞稿和文宣當然不提競爭對手，難不成我們還為他們做廣告？誰去向他們收廣告費呀？」老總故意把話講得很誇張，表情還特別豐富，逗得大家笑了起來，連王力臉上的肌肉都不由自主地放鬆了。

業務老總也在笑，不過他還是加了一句：「總是得提一下客戶的。」

這時，王力開始說話了：「我們這些資料，其實都是以客戶的需求為中心撰寫出來的，特別強調產品的針對性，所以客戶是常駐在我們心中的，見不見諸文字不是那麼重要。」他也試著調劑一下凝重的氣氛，「就像你愛你老婆，也不必天天掛在嘴邊說愛她，對吧？」

此言一出，頓時一陣哄堂大笑，幾個老闆更是在那裡互相說著「妻管嚴」啊、「口惠不如行動」啦這類的玩笑話。一時之間，氣氛立刻改變。若菱在旁邊親身經歷了這一場「能量消長戰」，不由得嘖嘖稱奇。

「**好的能量和負面能量一樣，都有很大的傳播力和影響力。能量這個東西還真是有點道理呢！**」若菱微笑地想著，「還好這次沒有被流彈波及！」

08

你所招引的人、事、物

吸引力法則

你的思想和情感都帶著一定的能量振動，所以會吸引和它們振動頻率相近的人、事、物。

為了多了解能量的作用，若菱踏進了大學畢業以後從未涉足的圖書館。她拿出念大學時的研究精神，仔細收集資料，把最有用、最有意思的訊息整理出來。

她覺得某一篇報導特別有趣。

美國一所中學做過一個小小的實驗，找來兩位教學成果差不多的老師，然後讓其中一位去教「放牛班」的學生，卻告訴他這是「資優班」，請他好好地、認真地帶領他們。另一位老師則去教資優班，卻被告知這個班級是放牛班，隨便教一教就可以了，不必太費心。

結果一個學期下來，放牛班學生的成績竟然比資優班的學生來得好，證明了「觀察者影響被觀察者」的實驗結論。

另外還有一篇報導是關於日本小學生做的米飯實驗——在教室裡放三碗米飯，每天上學的時候，孩子們對第一碗米飯說：「我愛你，你好好吃哦！」第二碗米飯完全沒有得到任何關注，第三碗米飯聽到的話則是：「你醜死了，沒人要理你！」

一個月後，第一碗米飯變成黃色，發出酒香味。第二碗米飯變黑、發臭，還長出黴菌，見證了無人理睬的悲哀。第三碗米飯稍微好一點，雖然變黑、發臭，但因為至少還有人理睬，所以情況不如第二碗那麼糟。

「我們的話語和意念真有這麼大的力量嗎？」若菱真是不敢相信。

還有一篇文章談到了「吸引力法則」：在一個房間裡放滿了不同頻率的音叉，如果振動其中一支音叉，另外一支和它振動頻率相同的音叉也會被引動。

所以，**如果一個人充滿了快樂、正面的思想，那麼，美好的人、事、物都會和他起共鳴，而且被他吸引過來。同樣地，如果一個人老是帶著悲觀、憤世嫉俗的思想頻率，也難怪常常會有倒楣事發生在他身上了！**

「這也說明了臭味相投、物以類聚的道理吧！」若菱掩著嘴笑。

帶著笑意，若菱又來到了小屋，老人依舊點上壁爐的火等著她。

「怎麼樣？探索能量世界的結果如何？」老人往搖椅上一躺，優哉游哉地問。

「真好玩！」若菱像個發現新大陸的孩子，「我們的每一個思想都帶有一定的能量，偏偏我們的習慣就是胡思亂想！」

「是啊！」老人同意，偏過頭去斜睨著地板，上週他在地上畫的那組同心圓還在。

若菱看著地上的圓圈，雖然不再暈頭轉向，還是不知道能量的研究和那些圓圈有什麼關係。

「你看！」老人指著圓圈最中心，

「這裡就是我們生命能量的來源！」

若菱低頭看著圓圈，被這個曼陀羅深深吸引，在壁爐柴火的跳動光影中，突然有了些觸動和感悟：「哦！所以我們的身體、情緒、思想，以及角色扮演、身分認同這些能量，把我們生命能量的源頭團團圍住，也隔絕了愛、喜悅與和平！」

說完，若菱沒有抬頭看老人，只是兀自沉溺在此時的深刻感觸之中。

老人也沒有答腔，算是默許了若菱的猜測。

房間的氣氛霎時變得有些嚴肅。

「你們週一在會議室上演的那幕戲，說明了一個人的能量——不管是正面或負面的——對他周遭的人、事、物都會造成影響。同時，它也顯現出現代人最大的問題——能量爭奪。」老人語重心長地說，「**我們因為沒有與自己生命的源頭連結，失去了能量的來源，所以不停地向外求取，以獲得能量。更糟糕的是，我們會跟自己的同胞——其他人類——爭奪能量。**」[4]

「你是說，像我們公司兩個老闆的互相較勁，也是一種能量的爭奪？」若菱問。

「是的，不但是一種能量的爭奪，也是ego（小我）對ego的戰爭。」老人點頭，「在夫妻之間、親子之間、朋友之間、親友之間，這種ego能量爭奪戰屢見不鮮。」

他停頓了一下，思索適當的詞句來解釋這個可怕的現象：

「現代社會就像個殺戮戰場，每個人都在用不同的方式奪取別人的能量，例如控制他人、用權力凌駕他人，試圖獲取別人的關注、認可和喜愛，或者證明自己是對的、好的、高人一等的，不一而足。」

「所以，如果人類能夠掌握重新連結自己生命能量源頭的秘密，就不必再用這種手段去爭奪能量了？」若菱滿懷希望地問道。

「是啊，我們現在就像一群穴居人，在洞穴之中為了搶奪火把而拚得你死我活，卻不知道只要走出洞外，我們有取之不盡的太陽能！」老人感慨地說。

「那你趕快說說，要怎樣才能突破重重障礙，讓我們接觸到自己生命能量的源頭？」

急性子的若菱按捺不住，拿起粉筆，在圓圈上面畫了一些破折線。

老人笑吟吟地看著迫不及待的若菱：「不急、不急，慢慢來，我一定會為你揭曉這個謎底的。但是關於能量，我還有些事要告訴你呢！」

老人停下來喝口茶，慢條斯理的模樣讓性急的若菱有點受不了。

4. 在《聖境預言書》（遠流出版社）這本靈性小說中，對於人類的能量爭奪有很清晰的描述。

「平常你看到某些人，是不是會覺得很親切、很舒服，卻又說不出自己為什麼會對這些人特別有好感？」老人沒頭沒腦、突如其來地一問。

「是啊，」若菱老實地回答，「但是……」她欲言又止。

「然後，是不是有些人讓你特別討厭，而且完全沒有理由？」老人仔細端詳若菱的反應。

「沒錯，討厭還算客氣呢，」若菱說道，心想老人果然懂得她的心思，「有些人看了一眼就不想再看第二眼！」

「這也是能量的作用。」老人意有所指地說，「每個人的能量振動頻率或多或少都有些不同，和你振動頻率相近的人，就是你看得比較順眼的人啦！」

「這就是『物以類聚』！」若菱想起自己在圖書館裡的新發現，不禁佩服自己的先知先覺。

「等一下！」若菱突然想到一個重要的問題，「那麼，我如何知道自己能量的振動頻率是什麼樣子呢？」

「看你吸引過來的人、事、物就知道啦！」老人莞爾一笑，「因為你的思想和情感都帶著一定的能量振動，所以會吸引和它們振動頻率相近的人、事、物啊！關於這一點，等以後討論到『心想事成的秘密』時，我還會再說明。」

「心想事成的秘密？」若菱睜大眼睛，興奮而滿懷期盼地看著老人。

老人卻不再看她，暗示她可以離去了。

於是，若菱帶著複雜的心情，再度離開了溫暖的小屋。

09 巧遇舊識 初探潛意識

我們的意識、對自我的了解、思考、理性、判斷和感情，都是從潛意識來的。我們在意識層面對自己的一切認知、喜好，只占了我們自己全貌的百分之一而已。

每次離開老人那裡，若菱都覺得很充實，但這次她開始有些遺憾了，因為她還是希望老人趕快告訴她破解那些圓圈的秘訣。然而，她得到的答覆卻是更多的回家功課。

顯然，時機還沒到吧！

這次的功課是這樣的：首先是要找一些意識和潛意識方面的資料，說明兩者的區別和作用；再者，就是要找一本書，把書上說的一些話抄下來；最後，老人給了一張宣傳單，是一場電影欣賞導讀會的通知，要若菱去看一場電影。

「有個功課是看電影，還真有意思！」若菱坐在圖書館裡，兀自發呆。

然後，她感覺到前方有個高大的陰影。

十幾年前在念大學的時候，志明就是這樣在自己用功時出現在前面。此刻她一抬頭，打算看看是什麼人擋住自己的光線。

一張熟悉的面孔。

「啊，你是……」若菱驚呼！

「是，還記得我嗎？」一個瀟灑的男人朝著若菱微笑。

「李建新……你不是在國外嗎？」若菱有些結巴了。

「我應國內大學的邀請，回來擔任客座教授。」男人含蓄地回答，然後謹慎地問：「你好嗎？」

「我很好！」若菱很快地恢復鎮靜。

「家裡都好嗎？」

「好……」若菱應付著。不過是大學的老同學嘛！雖說是老同學，這麼多年不見，卻怎麼有點不自在？跟他的能量有關嗎？若菱自問。

「你怎麼還在圖書館用功啊？」李建新嘴角有一絲戲謔的微笑。

「我……嗯，我在查一些關於意識和潛意識的資料。」若菱小心翼翼地回答，很怕他再多問。

「哦，那你可以看看榮格的著作，裡面講得很清楚。」李建新很快地回答，好像跟榮格很熟似的。

看到若菱一臉錯愕，李建新接著說：「我對心理學很有興趣，雖然學的是理工，但修了不少心理學的學分，在國外也特別去聽過榮格學院教授的演講。[5]」

若菱知道自己在這個話題上討不了好，小我已經受到嚴重的威脅，趕緊說：「哦，那我去那邊看看。」

「我們交換一下電話吧，老同學好久沒聚了，改天一起出來喝咖啡、聊是非。對不起，這是我剛學到的俏皮話。」李建新眨眨眼。

「好啊！」若菱口是心非地回答，心裡想的卻是：誰有閒工夫跟你喝咖啡啊？我得趕緊搞定老人交代的功課才是。

按照李建新的建議，若菱果然收集了一堆跟意識、潛意識，甚至集體潛意識有關的資料，裡面提到：

「大約一百年前，心理學家發現了人類的潛意識。它控制了我們的思想、感覺、行為，以及對人、事、物的反應，還有我們的人際關係和做決定的過程。

「它是一個看不見的世界，但主宰著我們的外在世界。我們的意識、對自我的了解、思考、理性、判斷和感情，都是從潛意識來的。我們在意識層面對自己的一切認知、喜好，只占了我們自己全貌的百分之一而已。潛意識是非常強大的力量，它對我們的自我有絕對的影響，而它的百分之九十九是我們所不知道的。」

若菱知道這是所謂的冰山理論：我們的整個意識像一座冰山，在水面上的表意識只占了百分之一，有些理論則說是百分之五或百分之十。無論如何，我們可以感知和控制的部分是驚人地少！

另外，若菱還看到一個著名的、關於明尼蘇達雙生子的追蹤研究。這對雙生子從小因家境的關係被迫分離，在不同的家庭環境中長大，彼此也不知道對方。等到兩個人都三十多歲了，研究人員找到他們，進行了一項針對生活和個人資料的探討，發現

5. 對榮格的學說有興趣的人，可以參考張老師文化出版的《榮格自傳——回憶．夢．省思》。

兩人的生活有驚人的相似之處。

兩人在同一年結婚，老婆也是雙胞胎；他們養同一品種的狗，連狗的名字都雷同；所生孩子的性別、順序也一樣——在他們的生活中，像這樣的雷同之處有百分之七十以上。

「難道我們真的是被潛意識牽著鼻子過一生？」若菱覺得好震驚！

第一項功課已經把若菱搞得暈頭轉向了，一看手錶，電影放映的時間快到了。若菱看著傳單上的導讀人，覺得名字有點似曾相識。

哦，想起來了，他原來在若菱公司的競爭對手公司上班，也是一家國際性的大公司。聽同事說，他毅然辭去高薪且穩定的工作，成為自由接案的企業講師，而且對心靈成長頗有研究，還在網路上主持某個網站[6]，開放一個園地，讓大家共同來探討他有興趣的話題。今天倒要看看他可以導讀些什麼東西。

那部電影的名字也很奇怪，叫作《我們懂個X》[7]，說是從量子力學的角度來探討世界上的種種現象，若菱很怕自己到時候會睡著。

她匆匆忙忙地依址來到羅斯福路上一家位於六樓的書店，一踏進門，就被滿屋子的勵志、心靈和宗教類叢書搞得眼花撩亂。

好不容易看到一個人，若菱趕緊問：「請問電影欣賞會在哪裡？」

「在七樓，從這個樓梯一上去就看到了！」瘦瘦的老闆娘熱情地招呼她，「美女，要不要看看我們這裡的書，都有折扣哦！」

若菱正想說不用了，一轉身卻瞥到一本以一個大光頭為封面的書，作者就是老人推薦的那本書的作者——肯恩．威爾伯[8]。

若菱拿起了「大光頭」，開始瀏覽這本叫作《萬法簡史》的書。很奇怪，書裡的每個字都看得懂，但擺在一起，就每句話都不懂了。老人推薦的書會不會也是這樣？若菱打著哆嗦，鼓起勇氣問：「請問有沒有這個人寫的《恩寵與勇氣》？」

「當然有！」老闆娘答得中氣十足，「美女你真會挑，這本書好棒哦！」接著便把一本厚沉沉的書遞了過來。

若菱被老闆娘的迷湯灌得小我有些飄飄然。她把書接過來，結果手一沉，好

6.美麗心世界網站（www.freewill.idv.tw）。

7.原文片名為「What the Bleep Do We Know」，是一部從量子物理學的角度探討心靈世界與物質世界交互作用的電影。詳情可參考影片網站：http://www.whatthebleep.com/。

8.肯恩．威爾伯（Ken Wilber）是超個人心理學界的天才、意識研究領域的愛因斯坦。他的著作相當多，臺灣翻譯了大約十多本，其中比較容易讀的是《事事本無礙》（光啟文化），以及《恩寵與勇氣》（張老師文化）。

重！跟自己平常會讀的那種袖珍本的書真是差太遠了。若菱無奈地翻閱，發現這是肯恩為了紀念他因癌症過世的妻子所寫的書，有人評論此書是「作者難得的感性作品」。

「是個故事就好看了，厚一點就厚一點吧！」若菱付了帳，上樓準備看電影去。

10

當靈性遇上科學 我們創造了自己的世界

因為所有事物都是能量的振動，而觀察者又會影響被觀察者，所以我們創造了自己的世界。

偌大的房間裡擠滿了人，若菱好不容易找到了一個前面不會被人頭遮住視線的座位，一屁股坐了下來。引言人短短地介紹了這部影片的背景，說二〇〇四年在美國推出的時候，是當年電影票房排行榜的發燒片。

賣座的原因不是去看的人多，而是一個人看很多次，有個律師就看了十次，因為他不相信自己為什麼看不懂一部電影。

若菱想，那完了，我可是一點希望也沒有了。

不過，既來之則安之，看不懂就欣賞男女主角吧！

第一段電影結束，若菱正在滿頭霧水、小我深受打擊的狀態下，導讀人上臺了。他看起來相當年輕，朝氣蓬勃。經過他清晰生動的引導，若菱總算稍稍理解了剛才那些電影片段的意義。大體上來說就是：我們的大腦每秒鐘要處理四千億位元（bit）的資訊，但我們只能意識到其中兩千位元的資訊。

所以，我們會選擇性地去看東西，並且以此來體驗這個世界的人、事、物。

至於如何選擇，是受到個人從小被灌輸的各種約定俗成的觀念、信念、標準、價值觀等的影響，完全因人而異。所以，每個人每天環顧四周，看見的是他想看見的東西，其他的事物會被大腦自動排除掉。「每個人的價值觀和成見就是這樣形成的嗎？」若菱心想，但不好意思舉手發問。

這段影片也提到了老人曾經要若菱研究的「物質的實相」和「觀察者影響被觀察者」的問題，若菱對這個部分胸有成竹，挺得意自己曾經接受「秘密教導」，小我的尾巴開始翹了起來。

若菱突然覺得，自己就像金庸小說裡面的主角，出身貧寒、資質普通，但因為機緣巧遇高人，經過指點，再加上自己勤奮地努力，終於練成蓋世神功……

導讀人又一句石破天驚的話打斷了若菱的武俠白日夢：「**因為所有事物都是能量**

的振動，而觀察者又會影響被觀察者，所以我們創造了自己的世界。」

若菱覺得這句話還是很難消化。

「我們創造了自己的世界？那每個人的世界應該都很美好啊，為什麼這個世界還是如此醜惡？」若菱不敢當場反駁。

那部電影還說什麼「科學家證明了同一件物品可以同時存在不同的地點」，還有照片為證。

「那又怎樣？」若菱心想，「如果真是這樣，那麼前幾年那個自稱會分身、最後卻入獄的神棍，就是被大家誤會了，他倒應該是上師，不是神棍囉！」若菱偷笑。

電影的第二段開始了，若菱被影片中提到的什麼腦部的神經生理生化反應弄得頭昏眼花，眼皮上住滿了瞌睡蟲。直到導讀人上臺，若菱的精神才為之一振。

導讀人果然口才一流，他歸納道：

「如果你不斷重複做某件事，從生理學上來說，我們某些神經細胞之間就會建立起長期且固定的關係。比方說，如果你每天都在生氣、感到挫折，每天都覺得很悲慘、痛苦……那麼，你就是天天都在重複為那張神經網路接線和整合。這就變成了你的一個情緒模式。」

若菱想，那我遇到不如意的事情就生氣的那條神經線應該很粗啦！志明呢？志明應該是遇事就退縮的神經網路特別發達吧！

「更糟糕的是，」導讀人話鋒一轉，「當我們在身體層面或大腦層面產生某種情緒或感受時，我們的下丘腦會馬上組裝一種化學物質，叫作『胜肽』[9]，隨著血液跑到身體的每一個細胞……被細胞周邊的上千個感受器接受。久而久之，感受器對某種胜肽有了特定胃口，會產生飢餓感，以至於你如果很久不生氣，你的細胞會讓你產生生理需求，想要發脾氣……」

這不是跟毒癮一樣嗎？真是恐怖！

若菱有點坐不住了。一天接收了這麼多資訊，真有點受不了，她也不想再分析了。趁著放映電影的第三段時，她悄悄地溜了出去。

回到家裡，志明還沒回來，若菱隱約記得他說今天晚上學校有個派對，為一個榮升教授的女同事慶祝。若菱有點餓了，進廚房煮了點東西吃。

想想這幾週以來，自從遇到老人之後，若菱憤世嫉俗的脾氣似乎有些轉變，至少

9.胜肽（peptides）由胺基酸組成，是小分子的蛋白質，臺灣現在有很多化妝品也強調是胜肽產品，可以從細胞最根本處改善皮膚。

發脾氣的次數減少了很多，她感到很欣慰。

可是，與志明的距離似乎愈來愈遠了。

以前回家還會聊一些公司的事，雖說往往都在抱怨，但抱怨也是一種交流啊。最近若菱自省的時間比較多，很多時候都在回想老人的話，並拿當天發生的事情來分析、佐證，話就講得少了。而志明這段時間也特別沉默，兩個人很久沒有親密感了。

若菱到現在還沒對志明提起老人的事。她可以想像志明這個唯物論者不屑的嘴臉，她自己也還是半信半疑地在摸索，所以希望都搞清楚了以後再跟志明說。

想著想著，她躺在沙發上，進入了夢鄉。

若菱被推門聲驚醒時，一看鐘，已經十二點多了。她抬頭看著剛進門的志明，發現他處於微醺的狀態。平時的若菱一定會埋怨他，今天卻覺得志明臉色紅撲撲的，煞是好看。

志明看到若菱還沒睡，有點訝異，低下頭帶著歉意說：「去KTV唱歌，回來晚了。」

若菱沒說話，拉著志明的手坐了下來。她知道志明怕她生氣，這是以往常見的戲碼。不過若菱已經有些不同了，而且今晚的她希望和志明親熱一下。

「好久沒做了，」若菱想，「志明應該很高興看到我投懷送抱吧！」

兩人在一起十多年了，做愛做的事已經不再新鮮，若菱尤其沒興趣。身為一個男人，志明畢竟有些生理需求，若菱心情好的時候可以配合一下，心情如果不好，就裝不知道、裝累、裝頭痛，反正各種伎倆都使過。

「我累了。」志明當然明白若菱的意思，卻含糊地這麼說。

若菱一愣，「這不是我平時的藉口嗎？怎麼變成他的了？」

兩人上床睡覺以後，若菱還是不死心，伸手撫摸志明的胸膛。這是志明的敏感帶，也是若菱最欣賞志明身體的一部分。

志明的胸肌發達、開闊，最能表現他的男子氣概。但志明「嗯」了一聲，翻過身去，背對著若菱，不到一分鐘就打起鼾來。

若菱氣結，「小我」萎縮到不行，睜眼到大半夜才睡著。

11

命好不怕運來磨

潛意識中的人生模式

在尋找真我的過程中，要先努力把潛意識裡的自動化程式盡量帶到意識層面，讓意識之光為你破解生命中對你已經沒有用處的一些人生模式。

若菱身心俱疲地來到小屋中。

她不但昨晚沒睡好，今天開會又被整得很厲害，主要是因為這週要舉行產品發表會和記者會，老闆們鉅細靡遺地問了許多細節。兩個老總在這些會上也要較勁，都想要搶先發言，誰也不願在誰之後，最後總算決定：業務老總在產品發表會上先發言，畢竟他是面對客戶的；行銷老總則在記者會上先發言，代表公司宣布這項產品升級。

「真累！」若菱想，「怎麼官做得愈大，小我的需求和胃口也愈大？」

老人看出若菱的疲憊，進門後要她先坐下來，倒了杯茶，讓她喘口氣。

過了好半天，若菱才能把心思帶回到老人交代的功課上。她開門見山地問：「潛意識真有那麼大的能耐嗎？」她言簡意賅，老人也知道她問話的意思。

拿起粉筆，老人這次是在牆上畫畫。他首先畫了一匹馬，然後是一輛馬車，加上馬車夫，後面還有位乘客。

若菱不知道他葫蘆裡賣什麼藥，但這幅圖倒是挺有趣的，讓她精神一振。

「這幅圖就代表我們的人生。」老人開始上課了。

「馬車的構造和品質，代表我們的命。有些人命好，含著金湯匙出生，駕著六輪大車，或者聰明能幹，或者美貌迷人；有些人命不佳，駕著兩個輪子的小車要混一生，出身貧困，生不逢時，才智平庸，其貌不揚。而這路程就是我們的運，有時是康莊大道，有時是羊腸小徑。所謂『命好不怕運來磨』，如果駕駛的是大馬車，走險坡也不覺得搖晃。」

老人講得搖頭晃腦，有些江湖術士的味道，逗得若菱笑了起來。

「這部馬車的前進要靠這匹馬，」老人繼續說故事，「而且你問這匹馬：『你有沒有權利決定怎麼行進啊？』馬兒會說：『有啊、有啊！我這不就努力在前進嗎？沒有我，這部車是走不動的！』但要是你問牠：『那你剛才為什麼左轉？』牠會說：『我覺得左邊的臉緊緊的，就轉彎了呀！』」老人說到這裡，停下來看著若菱的反應。

聽明的若菱已經明白這匹馬的角色是什麼了，就是我們的表意識。**我們自以為可以操控自己的生活，做出自由的選擇，但實際上，我們是一部自動化制約模式下的機器，很多時候身不由己。**就像這匹馬，牠不知道自己的左臉之所以緊緊的，是因為馬車夫收緊了左邊轠繩的緣故。

「那麼馬車夫就是我們的潛意識了？」若菱問道。

老人看出若菱已經領悟了，點了點頭，接著說道：「也就是我們人生的自動化導航系統。」

「但真正發號施令的，是坐在後面的乘客吧？他要去高雄，這個車夫可不會往北走！」若菱又問。老人也給予肯定的目光。

不過，這個乘客是誰呢？若菱有點納悶。看著牆上的圖，若菱的目光又移到了地上的圓圈，突然靈光一現：「啊，這個乘客就是我們的真我！」

老人嘉許地點點頭，不過，這次若菱並沒有往常猜對答案的得意，反而益發覺得沉重。老人感受得到她的狀態，靜默地在一旁守著她。

「我們該如何跟真我溝通呢？」若菱沉默了一會兒，開始發問。「這好像又回到我的老問題，」她指著地上的圈圈，「我們要怎麼突破重重障礙，找到真我？」

「是的。」老人點點頭，「不過在尋找真我的過程中，我們要先努力把潛意識的部分盡量帶到意識層面，這樣我們離真我也會愈來愈近。」

老人邊說邊在圓圈上加畫了一些東西。

「所以，你要加大這塊餅的面積！」老人指著圖中占百分之五的意識部分，「先去潛意識裡面探尋你那個被寫好的自動化程式（auto-programming）是什麼，把它帶到意識層面來，讓意識之光為你破解生命中對你已經沒有用處的一些人生模式。」

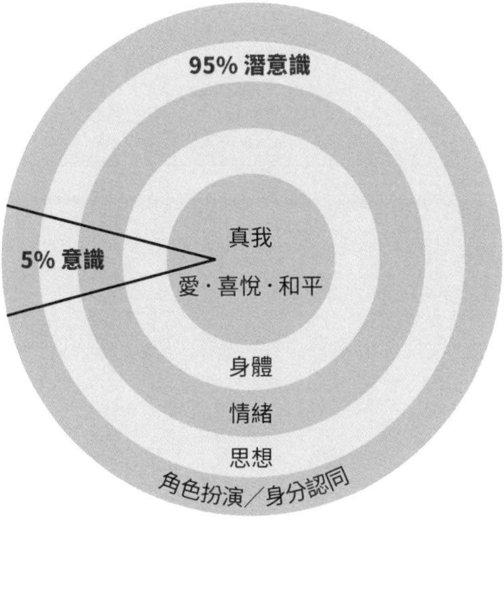

天哪！這是中文嗎？若菱心想，「這一大串詞語到底是什麼意思？或許，我得去尋找一樣東西，這樣東西好比點金石，能把我生活中的負面成分都清除掉，留下光燦燦的閃亮人生？既然有這麼好的東西，為什麼不一開始就把人生設計得好一點？我從小到大所受的苦到底有什麼意義？是誰在掌控這一切？」

若菱覺得自己的思緒又像纏在一起的毛線球了。她決定從一個最基本的問題著手：「這個自動化程式，還有你說的人生模式，是誰幫我們寫好、定好的呢？」

「這個問題也真是大哉問！」老人認真思索表達的方法，「你可以說，我們人一生下來就會有一些性格傾向，例如外向、內向、悲觀、樂觀等。然後，家庭、學校、社會、朋友等後天環境會在我們的童年時期幫我們定好一些遊戲規則，讓我們創造了種種價值觀和信念。」

看到若菱滿臉問號，老人理解地說：「我來舉個例子。有一個為人父親者拋棄了老婆和三個兒子，完全棄他們於不顧。老大長大以後，成為一個很好、很負責任的父親，因為他潛意識的信念是：『我不可以像我父親一樣傷害家人。』老二終身未娶，因為他潛意識的信念是：『我不信任婚姻，因為我可能會像父親一樣。』老三卻做出和他父親一模一樣的事，因為他潛意識的信念是：『我要和我父親一樣。』」

老人看看若菱，發現她仍然陷入深沉的思考中，於是又拿粉筆在牆上寫了一個公式：

性格傾向×外在環境×各種教育×生活事件×前世業力（如果你信的話）＝人生模式

「看清楚囉，是乘號，不是加號，所以變數很多，特別複雜！」老人又加了一句。

若菱似懂非懂，但她還是提出了很實際的問題：「那我們如何得知自己的潛意識裡到底有什麼樣的模式在以自動化程式的形式運作呢？找到了以後，又該如何除去那些不好的？」

「很好的問題。」老人滿意地說，「潛意識裡的東西會利用很多方式與我們溝通，就看你能不能警覺到，並理解它。」

老人停頓了一下，笑著說：「這就是你這週的回家功課！」

若菱一愣，一臉無奈。

「然後我會慢慢告訴你，該怎麼應付潛藏的種種人生模式。」老人眨眨眼，

「上週其他的功課呢？」

「電影看了，書買了還沒看。」若菱囁嚅地回答，「電影看不太懂……」

「沒關係。我讓你查的資料和電影裡面的一些內容，我們以後都會用到。你到時可以再去看一次，我也不指望你一次就看懂。」老人微笑，然後就低頭不語了。若菱知道訪談時間結束了。

「是的，就像我自己的人生，也不是一下就能讀懂的，慢慢來吧！只要有信心，我一定可以讀懂自己。」若菱暗自下了決心，悄悄地起身離去。

12 遇見難得的知音
潛意識的表達方式

很多看似簡單的生活事件，看起來好像無足輕重，可是都潛藏著一些訊息。

「潛意識以什麼方式和我們溝通？」結束了產品發表會之後，這個問題就一直縈繞在若菱心中。

在產品發表會的過程中，若菱總算體會到將老人的教導實際應用在生活中的好處。像往常一樣，在發表會前一天，若菱就會緊張得睡不好。發表會當天，若菱感覺自己心跳加速、手腳冒冷汗，典型的焦慮恐慌症。

不過這次若菱覺得好多了，因為她記得老人教導的：「**你不是你的工作，你不是你的表現，你不是你的成功，也不是你的失敗。這些外在的東西絲毫動搖不了你內在的那個真我，看清楚小我的虛假認同！**」

雖然若菱還是沒怎麼感覺到真我，但是她發現這個「以上皆非」的小我否定法很管用。她像念咒語似地反覆提醒自己：「我不是我的工作，我不是我的……」這幫助她安靜下來，回歸自己的中心。結果發表會進行得異常順利，出席的來賓比往年都多，記者會也辦得聲勢浩大。

所以若菱覺得，不那麼用力做事以後，效果反而很好；更重要的是，自己覺得輕鬆愉快，也因此更能享受事情做好之後的成果。

「今年的考績，應該是特優了吧！」若菱正在開心之際，手機響了，一看，居然是李建新打來的。

若菱其實正想著是不是該問問他關於潛意識的事情，沒想到電話就來了，這就是榮格說的同步性、同時性[10]嗎？

「最近好嗎？」李建新在電話那頭問。

「哦，很好，剛忙完產品發表會！」若菱愉快地回答。

「哦，那正好，我們出來聊聊吧！明天晚上怎麼樣？」李建新的聲音充滿期待。

「嗯……我問問志明有沒有空。」這麼多年了，若菱對於跟男人單獨見面、吃飯已經有點不習慣。

「哦……當然，老同學了，我也好久沒見到他了。」李建新沒料到若菱會提到志明。

「我晚上再打電話給你。」若菱急忙收線，臉都紅了，也不知道自己為什麼這麼敏感，不過是老同學見面吃吃飯、敘敘舊嘛，何況若菱是真的有事要問他。

「我的潛意識在幹什麼呢？」若菱想想也覺得好笑。

第二天傍晚，若菱和李建新單獨見面了。志明沒空，說要趕論文，要若菱代他向李建新問好。這正中若菱下懷，因為志明在的話，她就不好意思跟李建新聊太多了。

李建新挑了一家在高級大飯店頂樓的西餐廳，可以把臺北市的夜景一覽無遺。若菱懷著鬼胎，不知從何問起，還好李建新先發制人：「你上次的資料找到沒？」

「嗯，是找到了一些不錯的資料。」若菱忍不住和他分享老人說的馬車模型。

李建新聽得眼睛發亮，一直問若菱是從哪裡找到這個資料的，若菱只得含糊地說是自己綜合了一些東西，胡思亂想出來的。

10. synchronicity，同時性、共時性，意指有意義的巧合，就是兩件看起來毫不相干的獨立事件，卻有相關的意義在其中。留意你生活中一些同時性事件，可以看到一些潛意識的軌跡，找出各種事件對你人生的某種意義。

「哇，你真不愧是我心目中的女神！」李建新忘情而崇拜地說，害若菱羞得滿臉通紅。一方面是自覺慚愧，一方面是隱隱約約地覺得，李建新其實從大學開始就對自己有好感，但這樣露骨的表達還是讓她招架不住。

「對不起，我太激動了。」看到若菱的反應，李建新自己也有點不好意思。若菱心裡的小我暗爽，嘴上卻打趣道：「是神經的『神』吧？」

李建新一臉誠懇地說：「真的，我很少碰到這樣的知音呢！」

聽到這句話，若菱心裡想，多麼希望志明就是自己身邊的知音！

停了一會兒，若菱問：「以你的了解，你認為潛意識平時都是用什麼方式和我們溝通呢？」

「心理學家通常都說，夢是潛意識通往意識的橋梁。[11]」李建新不假思索地回答。

「所以潛意識有預警的作用囉？」在若菱的印象中，夢好像是有預兆性的。

「不僅如此，夢可以給我們很多啟發、鼓勵，還可能把你做夢當時白天生活中的一些心態整理出來給你看。夢當然有示警、指引的功能，還可以讓你宣洩情緒，或者展現出被你自己壓抑的人格特質。」李建新一口氣說了一大堆。

若菱盡量裝出聽得懂他在說什麼的樣子，然後很輕鬆地問一句：「除了夢以外呢？」

李建新愣了一下，詫異她轉換話題的速度，不過還是繼續提供自己的意見：

「有很多看似簡單的生活事件，看起來好像無足輕重，可是都潛藏著一些訊息。比方說你想從事某種行業，因此要去考一張證照，結果考試當天找不到准考證或碰上塞車等等，諸多不順利的事情接二連三地發生，就顯示出你的潛意識其實並不想要走這條路。」

「還有一些一再出現的生活模式……」若菱盡力接腔，努力運用一些「套話」的技巧。

11.跟解夢有關的書（由淺到深）：

- 《看夢在說話》／方智出版社
- 《你是做夢大師》／張老師文化
- 《做夢改變人生》／角色出版社
- 《夢境地圖》／方智出版社
- 《解夢聖經》／尖端出版社
- 《榮格解夢書》／心靈工坊
- 《夢：私我的神話》／立緒出版社
- 《夢的智慧》／立緒出版社
- 《夢與意識投射》／方智出版社

「對！就是！」李建新立刻對女神表示贊同，雖然他自己更像個半仙。「**如果你的人際關係中一再出現相同的模式，比方說你的同事或老闆和你相處的模式，不管你走到哪裡都碰到同樣的人、同樣的事、同樣的互動方式，這時你就知道是潛意識裡的某個模式在主宰你的命運和行為了！**」停了半晌，他又補充：「還有就是你每天生活中出現的負面感受，例如覺得自己不被愛、不受重視、不重要、自己是受害者等，都是潛意識的模式在運作。」

「對，這就是尋找我們內在潛藏的人生自動化導航系統模式的一個好方法。」

若菱故意運用從老人那兒偷來的一連串專業術語，其實她也搞不清楚自己在說什麼。

「還有……」若菱假裝在沉思。

「還有就是你說溜嘴，不經意說出來或做出來的一些事，雖然與你的本意不相同，但那可能就是你潛意識裡真正的想法。」李建新熬不住，搶先說了出來。

若菱立刻點頭贊同，心想我可得好好記住這幾點。此時，她想到那部電影提到的情緒、什麼胜肽的上癮之類的，就小心翼翼地說：「還有一些上癮症……」

「沒錯！」李建新一拍大腿，「癮頭！就是嘛，我怎麼沒想到？例如有些人明明知道抽菸不好，卻阻止不了自己這種慢性自殺的行為，這就是潛意識在操控的最佳證明！」

他所說的和若菱說的並不是完全相同的意思，不過若菱覺得他說得很有道理，也點頭稱是。

一頓飯吃下來，若菱收集到了足夠的資料，李建新也覺得遇到了知音，雙方各取所需，各自開心地打道回府。

13 回溯童年的記憶
身體造成的障礙

經歷了出生的巨大創傷和驚嚇，你與提供自己生命所需的源頭分離。

聽了若菱有關潛意識的報告之後，老人滿意地點點頭，然後揶揄地說：「有槍手幫你吧？」

若菱臉紅了一陣，低頭不說話。

老人不再繼續追擊，只說：「很好，當你的生活中出現這樣的情況時，你要記得是你的潛意識在和你溝通的跡象。」

看到若菱面有難色，老人加了一句：「別擔心，我也會提醒你的。今天我們正式開始進入圈圈解套的工作啦！」

「真的嗎？」若菱興奮地猛抬頭，差點跳起來。

老人搖搖頭，笑若菱的稚氣，然後指著地上的圈圈：「在真我周圍的這一圈是身體，身體是如何構成我們與真我之間的障礙呢？」老人頓了一下，突然問若菱：「你想不想從頭開始尋找問題的答案？」

若菱點點頭。

老人問：「你記得你出生時的經過嗎？」

若菱理所當然地回答：「當然不記得啦！」

「其實你的身體記得，你不妨問問自己的身體。」

老人嚴肅地舉起手來，若菱不由自主地看著老人的手，只見老人一面把手放下，一面以充滿權威的聲音說：「閉上你的眼睛！」若菱照做了。

「想像你是一個在母親肚子裡的胎兒，此刻你所在的空間很柔軟、很溫暖，在一片黑暗中，四周都是水。你像一條小船，輕輕搖曳。你還聽到很大聲的規律鼓聲，撲通、撲通，那聲波撫遍你全身。還有流水的聲音，以及其他一些不規律的聲音，讓你充滿好奇。」然後老人問：「你此刻覺得怎麼樣？」

「真舒服！」若菱如實說出自己的感覺。

「很好，但是小心啦！」老人警告她。「在溫暖的懷抱中，突然有壓力從四周擠壓過來，只是一瞬間，卻是你從來沒有經歷過的，你開始覺得有些不安。沒過多久，又是一下，你莫名其妙地開始擔心了。這是怎麼回事？可是那種擠壓愈來愈頻繁，完全打破了你在夢海上安寧舒適的優游。」

「啊——」若菱突然聽到一聲尖叫，把她嚇得身子緊縮，縮成胎兒的姿勢。接著尖叫聲不斷，還有咒罵聲！「他×的！早知道這麼痛就不要生了。醫生，救救我，啊——痛死啦！」若菱嚇得全身劇烈顫抖，記憶中從來未曾如此懼怕過。

經過不知多久，若菱覺得自己全身被擠壓著，有人在抓她的腿，想要拉她出去，可是她的頭很大，經過一個隧道的時候卡在那裡，她聽到更多人的說話聲、尖叫聲、咒罵聲，以及安撫、忙亂的聲音，嚇得她不知所措。最後總算通過了隧道，若菱感覺自己到了一個無比光亮的空間，燈光非常刺眼，溫度又低，周圍沒有暖和的水了，只有粗糙的東西在她肌膚上摩擦。

她突然感覺到自己窒息了，正在慌亂地掙扎時，有人用力在她屁股上打了一掌。若菱「哇」地一聲哭出來，淚眼模糊中，看到周圍盡是陌生的事物。那個每天供我吃喝拉撒的環境呢？那個我生命的源頭呢？沒有了嗎？失去了嗎？她使勁地一直哭，驚嚇地哭、恐懼地哭、沒有指望地哭……終於哭累了，便睡著了。

不知過了多久，若菱從沉睡中醒來，很舒服的一覺。一摸臉上涼涼的，原來真有淚水哪！若菱狐疑地看著老人，不知道自己剛才是不是「莊周夢蝶」去了。

老人神秘地笑笑，沒有回應若菱疑惑的目光。

「我們出生的過程這麼淒慘哪？」若菱忍不住驚嘆！

「是啊！」老人說，「你聽過細胞記憶嗎？」

若菱茫然地搖頭。「有些人在接受器官移植之後，會承接器官捐贈人的想法、性格、脾氣等……」老人提示。

「哦！這個有聽說過。」若菱至少還會看看報紙。「所以我們出生時，這種戲劇性的創傷記憶就會被我們的細胞保留嗎？」

老人點頭道：「是的，而且我們有多少人可以幸運地在一出生時就由母親一直懷抱著，餓了就吃奶，哭了有人撫慰？」

「是啊，大部分的教養方法都說不要寵壞小孩，要定時餵奶，時間還沒到，即使寶寶餓了也不可以餵他。孩子哭就讓他哭，免得寵壞了老是要人抱！」

若菱同意現代教養寶寶的觀念有些問題，尤其剛才身歷其境地經過了嬰兒出生的過程，更覺得剛出生的孩子就是需要無限的愛與撫慰。

「你想想，」老人說，「你在成為受精卵的那一剎那之前，只是一個意識的存在。接著，你突然進入一個小小的細胞中，慢慢地，你有了一具每天長大的身體，但你還是在一個安全的環境裡，覺得自己和周圍的東西都是合一的。」

老人喝了口茶，繼續侃侃而談：「然後，**你出生了，經歷了那個巨大的創傷和驚嚇，你與提供自己生命所需的源頭分離。一開始你很迷惑，不知道為什麼自己肚子餓了居然得不到東西吃，因為你原本以為你和這個世界是一體的。**」老人嘆了口氣，「然而在現實的衝擊下，我們產生了幻覺，誤以為我們和自己的身體與這個世界是分離的。為了尋找自我感，我們發展出小我，在這個世界上抓取所有能抓取到的東西，好證明自己的存在。因為小我是如此虛幻、脆弱，所以它需要更多的抓取、獲得，才能延續它脆弱的生命。」

「原來身體是這樣讓我們與真我分開的……也不是身體的錯啊！」若菱有點像是在自言自語。

「這就是為什麼每個人天生就有許多無名的恐懼……」老人繼續說，「到了最後，這種無以名之的不安全感和分離感，就變成了一種存在性焦慮，成了我們每日生活的背景音樂，不停地播放。」

「啊，難怪我老覺得惴惴不安，很不喜歡獨處。每次一個人的時候，我就想找人說話，打開電視、收音機，或是找點事情做。原來，我就是不想面對這種存在性焦慮的背景聲音。」若菱想通了！

「那這層身體的障礙要怎麼樣才能去除呢？」若菱又是一針見血地提出問題，並且想直截了當地解決它。

老人又好氣又好笑地看著她，無奈地搖搖頭，說道：「孩子，去除不了的，就像我們永遠沒辦法除去黑暗。**所有造成我們與真我隔絕的事物都像黑暗一樣，我們所能做的，就是拿著覺知之光去照亮它們。**」

看著若菱皺起了眉頭，老人又補充說：「在身體的層面，所謂覺知之光就是重新與自己的身體連結。我們對自己的身體只了解和控制了百分之五，其餘百分之九十五的身體是在潛意識的狀態下用自動導航系統在操控的。所以，找回與身體的連結就可以幫助我們把百分之五的『版圖』擴大，找回更多的自己。」

「怎樣找回與身體的連結呢？」

「跟你的身體對話，傾聽你身體的訊息。」

14

重新與身體連結

瑜伽和呼吸

在瑜伽裡，有一種關於呼吸的說法：人的一生當中，呼吸的次數是固定、有限的。所以呼吸愈慢、愈長的人，活得愈久。

若菱來到臺北東區一家頗具規模的瑜伽中心，因為上次臨別時，老人要她選擇一些活動，以便與自己的身體重新連結，瑜伽就是其一。

「基本上，任何能讓你專心一致、活在當下的運動，都可以幫助你與身體重新連結。所以運動本身不重要，重要的是你在做它時的心態和狀況。因此無論是跑步、快走、游泳、太極拳、氣功、瑜伽，只要你能夠專心地觀照自己的身體，這些運動都可以成為一種冥想。」

而其中，與身體對話、連結的最佳方式就是靜坐冥想。

若菱無法想像坐在那裡不動、不想的滋味，超過五分鐘她就坐不住了。她喜愛的運動，例如羽毛球、乒乓球，好像都不符合老人的要求。他說：「這種具有競爭性的運動，是小我對小我的運動，無法讓你跟自己好好在一起。」

最後，若菱選擇了瑜伽。以前她也嘗試過練瑜伽，但覺得太緩慢，她實在沒有耐心跟著老師「一、二、三、四、五」地保持一個姿勢不動。不過既然老人交代了，若菱還是決定來試試看。

若菱要求那家瑜伽中心找個老師來解釋一下瑜伽的好處，然後就在二樓大廳等待著。一向沒有耐心的她竟然因為周遭優美的環境和音樂，而能靜心等候，沒有絲毫的不耐煩。

「嗨！你好！」出現了一個綁著馬尾、臉圓圓的年輕女孩，「我是凱莉，這裡的瑜伽老師，聽說你有問題想問我？」

凱莉的聲音很甜美，說話的時候嘴角都帶著笑意，讓若菱一看就有好感。「是啊。嗯，我想請問一下，為什麼瑜伽可以幫助我們與自己的身體連結？」

凱莉對若菱提出的問題感到有些詫異，一般人好像不會一開始就達到這樣的深度，不過她還是很開心有人這麼有見地。

「是的，我個人覺得瑜伽是讓我們重新與自己的身體連結最有效、最快速的方法。」凱莉說，「不如你自己好好體驗一下吧！跟我來。」

凱莉把若菱帶到樓上的一間空教室，讓她坐下來。

「伸直你的腳，挺直你的背，吸一口氣，吐氣時從胯部那裡彎曲，身體往前延伸，看你能不能用手碰到自己的腳？」

若菱試了試，很遺憾，她實在太僵硬了，指尖只能碰到腳踝。

「沒關係，」凱莉早已習慣這些上班族硬邦邦的身體，「現在告訴我，你覺得哪裡阻擋著你無法再向前？」

「後腳筋，尤其是膝蓋後方上面那個地方……」若菱掙扎著。

「好，**集中你的注意力，把覺知帶到那個最緊繃的地方，深呼吸，每次呼氣的時候都帶著意念和那個地方溝通，讓它放鬆一點。**」凱莉慢慢地引導著。

若菱專心地和她雙腳的腳筋「溝通」，沒多久，她居然可以向前用兩隻手握住腳掌了。「哇！真神奇！」若菱興奮地叫道。

「是呀！」凱莉讚許地看著她，「只要關注自己的身體，它就會回應你。」

她停了一下，看著若菱在揉捏自己剛才拉扯的腳筋，繼續說：「瑜伽還有一個和其他運動很大的不同之處，就是它的呼吸方法。像剛才，你就是用呼吸來和你的身體溝通。呼吸在瑜伽當中自成一派，比我們做的各種姿勢的體位法來得重要呢！」

「呼吸？」若菱不解地問，「不是每個人都會呼吸嗎？」

「是啊，」凱莉笑笑，「可是呼吸做得好和做不好的人，壽命會差很多呢！」

若菱半信半疑地看著她。

「在瑜伽裡，有一種關於呼吸的說法：人的一生當中，呼吸的次數是固定、有限的。所以呼吸愈慢、愈長的人，活得愈久。」

看到若菱驚訝的表情，凱莉笑著說：「你看狗和猴子的呼吸很快、很急，所以壽命就比人類短了許多。而你看烏龜，牠好幾分鐘才呼吸一次，所以能活很久，因為牠可以保持住大量的能量。」

若菱想，生氣和緊張的時候，呼吸就會不由自主地加快，原來不僅消耗能量，更是消耗生命啊！

「那要怎樣才能放慢自己的呼吸呢？」若菱一心想要減少自己每天呼吸的次數，多活幾年。

「方法很多啊。對上班族來說，最有用的就是腹式呼吸了。」凱莉一面說著，一面教若菱在吸氣的時候腹部突起，呼氣的時候腹部回縮。若菱試了好幾次，吸氣時不是挺胸就是抬肩，卻還是看不見自己的腹部有隆起的跡象。凱莉讓她躺下來試試，沒想到一躺下來就做到了。

「原來如此！這就有點像小baby一樣哦？」

「是啊，」凱莉說，「看看你家的小baby是如何呼吸的，就知道腹式呼吸對人類而言應該是正確、健康的呼吸方法。」

若菱很想告訴她自己沒有小孩，不過話到嘴邊又吞了回去。

凱莉又說：「看看你們公司的大老闆們，一定都是胸式、甚至是肩式呼吸吧！又短又淺，真是浪費生命呢！」她的圓眼睛都笑彎了。

「為什麼腹式呼吸可以放慢我們呼吸的速度，也讓我們呼吸得比較深？」若菱問。

「因為在吸氣的時候，我們的腹部突出，這時橫膈膜就可以下降，按摩到你腹腔內的許多器官，而且還留出許多空間讓肺部擴展，因此空氣可以大量進入肺葉中。而呼氣的時候，腹部緊縮，橫膈膜被擠壓向上，按摩心臟，並壓縮肺部，把肺裡的髒空氣擠到身體外面。」

「哇，這麼有學問！」若菱讚嘆。

「是呀！」凱莉說，「學會簡單的腹式呼吸法以後，你就可以在坐車時、開會中，甚至與人交談的時候偷偷練習。然後，你會覺得自己的胸腔愈來愈開闊，甚至感冒等呼吸道疾病都會減少呢！練習的時候很簡單，只要不著痕跡地把注意力帶到你的呼吸上，關注一下腹部的起伏，自然帶動腹式呼吸之後，就不需要花太多心力去照顧它了。」[12]

「哈！那以後上班時碰到那些無聊的會議，我就有事情做了！」若菱高興地想著。離開瑜伽中心時，她已經成了正式會員。

15

激勵大師的體驗分享
飲食與健康

身體是尋找真我的必經之路，必須好好呵護。在維護身體健康上，「怎麼吃」比「吃什麼」來得重要。

除了修習瑜伽，老人還介紹了幾個他的得意門生，建議若菱去拜訪。離開瑜伽中心以後，若菱決定一鼓作氣，開始打電話。

若菱覺得既興奮又好奇。一方面很高興終於可以找到人來一起談論老人，不然跟老人學習的這些經驗還真是沒有人可以分享；另一方面，她很好奇老人其他的學生不知道是什麼樣的人。

12.可參考《奧修談身心平衡》一書。

「喂？」若菱撥了老人給的第一個手機號碼，接電話的是一個年輕而充滿活力的男人聲音。

「你好，我是，嗯，一個老人……」若菱惶恐得不知如何描述自己。

「哦！我知道了，你什麼時候過來？」男人一下子就明白了，而且單刀直入地邀請她。

「我……今晚就有空……」若菱遲疑地說。

「嗯……好！今晚八點怎麼樣？」聽到若菱肯定的答覆之後，男人說了他公司的地址，然後就掛了電話，留下驚詫不已的若菱。

若菱在八點的時候準時走進這棟位於臺北東區的辦公大樓，來到一家門面富麗堂皇的企管顧問公司，迎面走來一位相貌英俊、兩眼炯炯有神的三十多歲男子。

男人伸出手來，跟她緊緊地握了一下手，然後自我介紹：「我是李聖傑！」說話的語調好像若菱應該認識他似的。

若菱也自我介紹，並仔細打量他。難怪覺得這麼眼熟，原來他是赫赫有名的激勵演說家、培訓大師！若菱有點自慚形穢，不自覺地彎腰頷首、跟在他後面進辦公室。

李聖傑的辦公室氣派豪華，幸好他沒有高高在上地坐在自己的辦公桌，而是和若菱面對面地坐在辦公室的沙發上。

「為了今晚，我推掉了兩個應酬。」李聖傑解釋，話中沒有任何不快，「老人的事比什麼都重要，我願意全心全意地回報他，而且他介紹的都是最需要幫助的人。」他的聲音低沉有力，充滿感情，果然是名嘴，一開口就讓若菱印象深刻。

「他要你問我什麼？」李聖傑問道。

「嗯，我們正談到突破身體層面的障礙……」若菱不知如何回答，只得含糊地說。

「哦，身體障礙，對！」李聖傑點點頭，「我很年輕的時候就意氣風發，非常成功，完全和自己的身體脫節了，最後弄到胃出血，讓我不得不暫時退出職場，休養生息。」

若菱記得李聖傑幾年前曾經沉寂了一段時間，最近又東山再起，而且準備進軍中國大陸，看來要再創事業高峰。很多人猜測他那段時間是與合夥人鬧意見、分家，才會銷聲匿跡一陣子，原來是身體不適。

「你想想，」李聖傑用他上課演說的語調，慷慨陳詞，「一個人怎麼可能讓自己的胃到了穿孔的地步都沒有感覺？我就是這個樣子。當時事業上也遭受很大的挫折，雙重打擊之下，我整個人意志消沉，平常激勵別人那一套拿來激勵自己可是一點用處都沒有。」

他喝了口水，繼續說下去：「後來碰到老人，他是那麼慈悲、有愛心，從來不批判你，讓你感覺他是完完全全地接受你，沒有保留地愛你。」

若菱這才明白為什麼每次看到老人都覺得那麼舒服，因為一個不批判、全然接受你的人，在這個世界上真的是絕無僅有。

李聖傑說著說著，已經感動得紅了眼眶。「他教我如何與自己的身體連結，感受並接納自己的情緒，覺察並檢視自己的思想，進而打破小我所有虛假的認同……」他停留了很長一段時間，彷彿在回味那段學習的時光。

「我覺得自己好像重新活了一次。雖然我現在做的事情跟生病前沒什麼差別，但生活品質、教學品質已經截然不同了！」

若菱理解地點點頭。

李聖傑看看若菱，又繼續說：「雖然我現在依舊庸庸碌碌地在工作，但是我每天都保持一顆喜悅、和平的心，而且不再像從前那樣執著於外在事物了。正因為如此，我的事業反而蒸蒸日上，許多好運擋都擋不住。」

若菱終於逮到機會發問了：「這就是所謂的心想事成嗎？」

李聖傑笑道：「心想事成是高級班的課，老人到時候會教你的。」

若菱想，呵呵，想搶先偷學的念頭被看穿了。

「心想事成，說來話長。我想老人叫你來找我，主要是讓你聽聽我的故事，增強你的信心，同時我也可以把他教我的一些讓我覺得最受用的飲食方法分享給你。」

李聖傑提出這個令人興奮的話題，滔滔不絕地說道：「**我們雖然說『突破身體的障礙』，身體卻是尋找真我的必經之路，所以才要傾聽身體的訊息、與身體連結。**而為了把這條路修直、修正，我們必須好好呵護自己的身體，就像那一輛馬車也需要好好維護一樣，否則等到有一天寸步難行，講什麼心靈的追求也是枉然。」

「所以就像開車，不但要有正確的駕駛方法，還要有正確的維護方法。」若菱坐直了身體，準備洗耳恭聽。

「老人告訴我，**『怎麼吃』比『吃什麼』來得重要。**」李聖傑說，「當時我胃不好，很多人建議這個、建議那個，但老人說了幾個關鍵，我照做了，效果極佳。」說著，他從辦公桌上拿了一張紙給若菱，「我把那幾點整理出來了，你可以看看。」

李聖傑瞄了一下手錶，若菱看在眼裡，心裡有些歉意，便說道：「好啊，我拿回去慢慢看，先告辭了。」

李聖傑露出了抱歉的笑容，「也好，正好還有幾個客戶等我回電。你我都是非常幸運的人，希望你可以把握機會，跟老人好好學習。」

若菱心裡真的非常感激，這樣一位大忙人願意抽出空檔來見她這個無名小卒，老人的魅力真是無遠弗屆。

離開李聖傑的公司，若菱在車上就忍不住拿起那張紙來看，原來是幾則養生指南。她一面看，一面檢視自己的狀況。看到「少量多餐」這幾個字，若菱心想，這個建議比較簡單易行，明天就可以開始實行了。

「怎麼吃」包含以下幾點：

❶ 食物的比例：所謂的黃金比例是百分之四十的穀類，百分之四十的水果和蔬菜，以及百分之二十的蛋白質。

❷ 吃飯的時間：早餐一定要吃得多，晚餐一定要吃得早、吃得少。兩餐的間隔時

間，不可以超過四小時，才不會耗掉你的老本（能量）。所以在兩頓正餐之間，應該吃一些點心，補充能量。

❸食物的分量：輕食和少量多餐。每餐食物的分量不要超過你一隻手掌能抓滿的分量的五倍，七、八分飽就應適可而止。

❹烹飪方法：生食蔬菜有許多好處，但並不是每個人在每個季節都適合這樣做。生食肉類（包括魚肉）在現代社會中問題太多，少吃為妙。少油的烹飪法（水煮、蒸）是最好、最能留住營養的。

❺吃的方法：細嚼慢嚥可以讓唾液和食物充分混合，幫助消化。此外，食物、飲料不要太燙或太冷。我們的身體必須消耗極大的能量，才能讓喝下的冰飲溫度上升至正常體溫（攝氏三十六度半），如此一來，整體的免疫力自然下降。所以，如果經常喝冰的飲料，建議將飲料退冰半小時，或者改喝常溫的白開水。

16

卸下光環後的人生
健走真好！

放空自己的腦袋，專心把注意力放在雙腳上，這就是一種步行禪的冥想。

若菱這一週努力遵守剛學會的飲食方法，早餐通常只喝一杯牛奶或優酪乳的她，現在開始吃得比較多。同事們有些驚奇地發現，每天早上才十點多的時候，若菱還會抓一根活力棒或幾片蘇打餅乾往嘴裡塞。有些人開始竊竊私語，猜測若菱是不是懷孕了。

若菱現在學會盡量不去在意別人的眼光和評論。畢竟，一個人的大腦每秒鐘要過濾那麼多資訊，因此，她只看得見自己想看到的東西，別人要拿什麼標準去過濾資訊，她真的管不著。若菱沉溺在新發現的內在世界裡，泰然處之。她想，無論他們說些什麼，受到影響的只是我們的小我而已，如果能夠接納小我的縮減、接受它被打擊，再多的流言也不怕。

這天，公司業務不算忙，若菱懷著好奇，撥通了老人給她的另一個電話。對方是位女士，而且和李聖傑一樣，一聽是老人介紹的，問都不問，立刻約定時間見面。

傍晚，若菱稍稍提早一點下班，循址在臺北近郊找到了這棟坐落在山林之中的房子。按了門鈴之後，女主人應聲開門。兩人目光一接觸，若菱就愣住了，看著女主人直發呆。

「又是一個名人，有沒有搞錯？」若菱想。女主人是昔日體壇健將，當年叱吒風雲，為國爭光，拿了不少國際大獎，許多人都記得。「你就是若菱吧？」女主人看她發呆的樣子，嫣然一笑，熱情地招呼道：「進來坐吧！」

若菱有點緊張地跟在她後面進屋，順便用眼角餘光打量了一下屋裡簡單的陳設和耀眼的獎盃。在偌大房間的一角，居然還擺著一部跑步機。然而，最引人注目的還是女主人的體態，雖然年過半百，渾身上下卻散發活力。

坐定了以後，女主人滿懷感情地問：「老人好嗎？好久沒有看到他了。」

「很好，他要我問候您。」若菱禮貌地回答。

「你跟老人的其他學生接觸過了嗎？」女主人直截了當地進入話題。

「嗯，我還從他那裡得到了一份飲食養生的清單。」

「不錯，的確是要好好照顧身體。」女主人乾脆地說，「多年以前，由於事業與婚姻的雙重壓力，加上自己的疏忽，我不知不覺地發福，衣服的尺碼愈穿愈大，腰粗腹大臀也寬，不但整個人變得浮腫、難看，體力和健康也變差了，一下子讓我警覺起來！」

若菱看著她充滿自信的神情和高瘦苗條的標準身材，不敢相信她曾經被列入胖子之流。

「後來我碰到老人，他教了我很多東西。對我而言，其中最重要的當然是如何與自己的身體連結。你知道，我是個運動員，」女主人又笑了，「照理說，我應該是和自己的身體緊密連結的。後來我才知道，年輕時我只把身體當成工具使用，它曾經處於最佳狀態，但是我並沒有和它有什麼連結。」

「原來連結並不是按部就班地鍛鍊身體這麼簡單啊！」若菱想。

「**我以為我就是自己的身體，我的小我和它認同了，卻沒有連結。**」女主人感慨地一嘆，繼續說道，「不過，當老人告訴我一些與身體連結的技巧和道理之後，我找到了一項我自己相當喜愛、也對身體很有幫助的運動——健走。」

「健走？」若菱覺得詫異。女主人當年馳騁在田徑場上，兜了一圈之後，如今居然又回到了老本行！

「是的，健走！」女主人不禁眉飛色舞，「鍛鍊雙腿肌肉是預防體力衰退的最佳方法，而健走就是最理想、效果最明顯的運動。」

說完，她領著若菱到她的跑步機旁，表演給她看：「來，我教你。」

她一面大步地快走，雙手一面用力擺動。「健走時，你要配合緩而深的呼吸，擺動雙臂，大跨步地快速前進，這樣更可以獲得意想不到的效果。」

接著她又說：「老人還教我要放空自己的腦袋，專心把注意力放在雙腳上，這樣就是一種步行禪的冥想。」女主人露出迷人的微笑，「你知道嗎？半年內，我瘦了二十公斤，而且神清氣爽，負面情緒大半都消除了，感受到喜悅、平和，真是棒透了！」

「哇！真好！」若菱由衷地讚嘆。

「是啊。你看現代人多可憐，每天為了生活奔波忙碌，根本沒有時間照顧自己的身體。」女主人惋惜地說。

若菱覺得女主人說的就是她（自己對號入座了），有點不好意思，便附和道：

「對呀，現代人都是『年輕時拿身體換錢，老的時候拿錢換健康』。」

「真希望大家可以把握時間，開始在健康銀行裡開戶存錢。」女主人加了一句，然後問若菱：「你現在對於如何與自己的身體連結有哪些體會呢？」

「嗯，我們每天應該做一些能把所有注意力集中在自己身上的運動，將更多的覺知放在身體部位上……例如你的健走，以及我要學的瑜伽，都可以幫助我們與身體產生更多連結。」若菱小心謹慎地回答。

「說得很好呢！關於身體，老人還有一個很重要的教導，他跟你談過嗎？」看到若菱茫然的表情，女主人繼續說：「你想想，一天當中，你有多少時候會花一點點注意力在自己身體的感覺上？比方說，在跟別人交談時，你有沒有注意到自己的身體語言是什麼？你的眉頭是否皺得緊緊的？你的肩膀是不是因為緊張而高聳？你的胃是否因為焦慮而打結？如果習慣於注意自己身體的感覺，時時安撫、照顧它的話，很多疾病就不會因為日積月累而產生。」

「哦！」若菱恍然大悟，「所以，與身體連結的方法還有一個，就是在日常生活中時時留意自己的身體……」

「沒錯，但是和運動時不一樣哦。」女主人澄清，「運動的時候，你是全神貫注地覺察自己的身體，但是在平時，你只要保留一部分的關注給自己的身體就可以了。比方說，**你在開會時可以自問：『此刻我的姿勢是什麼？我臀部和椅子接觸的感覺是什麼？我身體的哪些地方有緊縮的感覺？我可以試著放鬆它。』像這樣保留一部分的注意力在自己身上，其他的注意力則放在此刻正在發生的事情上，你會發現，這樣做讓你更容易活在當下呢！**」[13]

講到這裡，女主人的眼睛都發亮了，「這也就是說，我們為自己的意識帶入了更多覺知。就像我們的眼睛，雖然可以有很寬廣的視野，但我們的注意力其實只聚焦在前方很狹窄的範圍內。平常做事的時候，你的身體除了在動，它也在呼吸、在適應和感知周遭複雜的外界條件，然而這些都屬於潛意識的範疇，我們的注意力其實是集中在其他比較明顯的事物上的。如果你能夠更留意身體的感知，就可以擴大那百分之五的意識了。這不就是老人教導的『把潛意識的一部分轉變成意識』嗎？」

若菱對女主人的見解十分佩服，相談甚歡，之後才依依不捨地告別。

17

「擔心」是最糟糕的禮物
不如給他祝福吧！

管好自己的事最重要。為親人擔心，其實是一種不負責任的加害行為。

若菱今天依約來到老人的小屋，臉色凝重，不太好看。老人若無其事地問：

「怎麼樣，拜訪我那些學生的過程還順利嗎？」

若菱如實相告，然後又忍不住問道：「怎麼他們倆都是名人呢？」

老人一笑，「為什麼不能是呢？」

「我就不是啊……」若菱顯得很自卑。

「哈哈！我有好多學生呢，讓你去拜訪名人，只是想加深你的印象而已。他們兩

13. 請參考《當下的力量》（橡實文化）第六章。

人也的確很有代表性啦！」

「哦！」若菱不怎麼想答腔。

老人又在地上的那組同心圓上面加了兩個字。「現在你知道啦，破解身體障礙的方式，就是與自己的身體連結。」

看若菱不答腔，老人終於問了：「怎麼啦？心情不好？」

「嗯，我……我又和志明吵架了。」

原來若菱學會養生之道以後，覺得志明的生活習慣真的很不健康。他從來不吃早飯，有時還錯過午餐，晚上才大吃大喝。而且他很少運動，最多就是和同事打打球，玩樂多於鍛鍊。若菱愈想愈擔心，忍不住向他「傳教」。志明哪聽得進這些東西，還說「從哪裡學來這些邪門歪道」！若菱覺得自

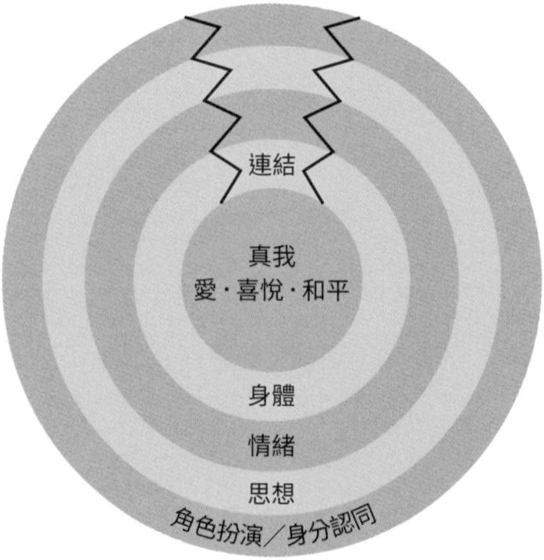

己的一片關愛之情完全不被感激，還受到嚴重的侮辱，再一次奪門而出。

若菱花了一些時間傾洩眼淚，讓悲傷委屈流盡，然後才平復了一些。

老人帶著理解的眼光看著若菱，等她發洩完了，才清了清喉嚨，嚴肅地問若菱：「你為什麼去干涉他的事？」

若菱不解，回道：「因為我關心他啊。」

「你愛他是嗎？」

「當然啦，不然我管他幹麼！」

「很好，你知道嗎？天底下只有三種事……」

若菱覺得老人有些莫名其妙，沉默地等待他的解釋。

「老天的事，」老人伸手指指上面，「你的事，他人的事。」

「你是說志明的事情是『他人的事』？我可不同意。」若菱反駁，「他病了、老了，倒楣的還不是我！」

「所以，你管他的事是為了你自己？還是為了你愛他、需要他？」老人平靜地問。

若菱啞口無言。她之所以關心志明，當然有一部分是真心為他好，但不可否認，還有部分原因在於自己的恐懼——恐懼失去伴侶、恐懼造成麻煩。

「愛啊愛，多少罪惡假汝之名！」老人搖頭嘆息。

「我關心他，反倒成了罪過？」若菱心裡很不平衡！

「你看，**許多父母管教小孩，督促孩子要守規矩、用功念書，其中有多少是摻雜了怕小孩出去丟自己的臉（怕人家說你教的孩子怎麼這麼沒教養）的成分，或者希望孩子能為他們的小我帶來光榮，甚至將自己對未來那種無名的、未知的恐懼投射在孩子身上，加重他們的負擔？**」

若菱不語。她知道老人說得有道理，可是夫妻之間呢？

「夫妻之間相處，兩人也都要捫心自問：你真正的出發點是什麼？是為了對方的人生，或者，你更多是為了自己？」

「跟自己最親近的人有關的事，真的可以不管嗎？」

「面對最親近的人，更要注意溝通的方式和方法。如果是為了自己，而且還自以為有權管對方，認為自己可以介入他人的領域、促使別人改變，這種做法不但白費力氣，還會讓兩人之間的關係變得緊張。」

「但我的確是為了他好啊。」

「你可以把你知道的、你認為正確的東西和對方分享，但背後不要設定一個預期的結果（比方說，你一定要聽我的，不然……），如此一來，對方會比較能夠接受。伴侶之間、親子之間都是這樣。」

「很難哪！」若菱搖頭。

「是啊，所以你一天到晚介入他人的領域、管別人的事，自己這裡卻沒有人在家關心自己的事。」老人指著若菱的腦袋調侃道。

「我怎麼可以看著我的伴侶慢性自殺呢？」

「你覺得志明生活習慣不好，而你自己最近有了一些體會，想改變生活和飲食的習慣，你就自己努力、盡心地去做，讓你的伴侶感到好奇，讓他看到效果，他可能會願意聽聽你為什麼這麼做的理由，然後，他也許就會試著做一些你正在做的事。但是，如果你把這些觀念強加在他身上，他的『小我』做的第一件事，就是反抗。」

「嗯……」若菱覺得很有道理。

「所以，記住，**管好自己的事最重要**。」老人提醒她，「**為親人擔心，其實是一種不負責任的加害行為！**」

「什麼？」若菱簡直不敢相信自己的耳朵。

「聽我說，」老人胸有成竹地解釋，「例如一個母親，她的孩子要和朋友去郊遊，當他決定要去的時候，母親擔心年輕人出遠門會發生危險，而試圖阻止。但孩子大了，阻止不了，所以他出門的時候，母親就耳提面命地要他注意這個、注意那個，在後面一直嘮叨……」老人看看若菱，「根據你知道的能量世界定律，這個母親在孩子出門的時候，給了他什麼能量？」

「當然是不好的負面能量。」若菱回答。

「沒錯，」老人點頭，「而且母親之所以會這麼做，是由於她無法承擔一絲絲可能會失去兒子的危險，於是把這種心情投射到孩子身上。現在，你明白我說的『擔心是一種不負責任的加害行為』是什麼意思了吧？」

若菱思考了一會兒，提出疑問：「可是有時候孩子不太懂事，你不提醒他真的會出事。」

「提醒是可以，」老人同意，「但還是要看你的出發點：你的本意是出於關心，所以把提醒孩子當成一種愛的表達，或者出於恐懼，把擔心投射在孩子身上，給他很多壓力？」

「這兩者該怎麼區分呢？」若菱問。

「表面上也許看不出來，但是在能量層面，以及孩子的心理感受上，可以區分得出來。」

若菱若有所悟地點點頭：「就是不執著吧？」

「對！」老人讚道，「就是要放下小我的執著心。」

若菱又問：「但是，如果孩子真的出了事，做母親的難道不會因為覺得自己沒有給孩子足夠的警告，或是阻止他，而感到愧疚嗎？」

老人微笑著問：「我剛才說過天底下有幾種事？」

「三種事。」若菱老實地回答，「我的事、他人的事和老天的事。」

「一個人的命有多長，是老天的事，做母親的再怎麼努力保護孩子，都無法與天命違抗。」

「是啊，誰敢跟老天抗爭……」若菱喃喃地說。

「不一定喔，你曾經有過因為塞車誤了約會，而坐在車子裡咬牙切齒的時刻嗎？」

若菱不好意思地點點頭，「當然有！」

「塞車是誰的事？」老人問。

若菱想想，答道：「老天的事。」

「所以啊，人們常常跟老天爭辯、對抗而不自知，不是嗎？」老人摸著鬍子，娓娓道來，似乎在嘲笑世人的愚癡，「無論你多麼愛他，多餘的擔心就是最糟糕的禮物，不如給他祝福吧！」

18

一場「小我增長秀」同學會的啟示

老同學湊在一塊兒，話題不外乎工作、家庭。大家的自我身分認同感都很強：我有一份好工作，我有一個好配偶，我有一雙好兒女，我有很好的人生觀……言談之中總不免誇耀自己的各項成就。

又是一個冬日，又是一個下著雨的傍晚，氣壓低沉沉的，壓得人心裡很不舒服。若菱下班後匆匆忙忙地趕到大學同學聚會的餐廳，一進門就看到李建新，他坐在最靠外面的座位上，一眼就發現了她，向她微笑。若菱不好意思地低下頭，然後才和其他同學打招呼。

其實上次和李建新吃過飯之後，他們又喝了幾次咖啡，每次都聊得很開心。對於老人說的東西，李建新都很能領會，而且深感興趣。若菱很高興能有一個可以分享老人教導的知音，只是李建新以為這些是若菱修練多年的心得，對若菱愈來愈佩服，讓她非常心虛。若菱也一直告誡自己要守住分際，畢竟她是有夫之婦，而且李建新在美國離了婚，兩人的關係更是要劃分清楚。

「咦，志明呢？怎麼沒來？」問話的是當年的班長陳大同。

「哦，他有論文趕著要發表。」若菱回答。志明最近真的很忙，常常不見人影，但反正若菱也沒閒著，所以也不太抱怨。

「若菱，過來坐啊！」若菱大學最要好的同學露露招呼她到身邊坐下。若菱聽了這話，正中下懷，便走了過去，免得跟李建新坐在一起。露露是若菱小時候的鄰居，也是小學和國中的同班同學，大學時又很巧地在同一班。若菱當時與志明是班對，跟其他同學的來往不多，露露是她在班上最熟悉、也最能交心的朋友。

老同學湊在一塊兒，話題不外乎工作、家庭。若菱發現大家的自我身分認同感都很強：我有一份好工作，我有一個好配偶，我有一雙好兒女，我有很好的習慣，我有很好的人生觀……言談中總不免誇耀自己的各項成就，或是炫耀自己知道的一些勁爆的新聞和八卦。總之，這是一場「小我增長秀」。以前若菱都會很熱心地投入話題，今晚不知怎麼搞的，就是以旁觀者的角色看著在場的其他人。

若菱覺得兒時玩伴露露今天有點心不在焉，話也不多，完全不像當年那個豪氣干雲的女豪傑。後來到了酒酣耳熱之際，露露突然宣布：「我離婚了。」眾人譁然！

露露的老公是別系的學長，兩人從大學時就開始交往。他對露露言聽計從，是個標準的新好男人，大家都以為最沒有問題的就是他們這一對了，沒想到第一對離婚的就是他們。

不知道是因為酒精，還是因為積壓已久的情緒，露露脹紅著臉，大聲地說：「他跟他秘書跑了！」

大家沉默了好一會兒，然後開始七嘴八舌地提問題、給意見。一時之間，飯桌上好不熱鬧。

露露剛開始還很冷靜地回答大家的問題、接受眾人的安慰，但她按捺不住滿腔的怒火，終於破口大罵：「混帳東西！當年當完兵之後找不到工作，要不是老娘，哪個公司會要他？手無縛雞之力，什麼都不會，全是老娘在後面撐腰。現在事業做大了，就變心了，看上年輕漂亮的小姐，棄糟糠之妻於不顧……」露露不停地咒罵，弄得現場氣氛很尷尬。她強大的負面能量震撼著每一個人。

若菱在旁邊慢慢地好言相勸，露露總算冷靜下來，一向愛鬧愛笑的康樂股長席原進趕緊轉變話題，說了一些自己辦公室的八卦，氣氛才又緩和下來。

但露露還是無法停止，拉著若菱在旁邊一直抱怨生活中所有的小事，說她如何付出，他又是如何當大爺還不領情，總之從頭到尾都是對方的錯，她一肚子委屈。

若菱一面同情地聽著露露傾洩怨氣，一面想到那部她看不太懂的電影裡有關「胜肽」的部分。露露的胜肽是什麼？她顯然喜歡扮演受害者，所以當受害者情結出現時，露露的下丘腦就會分泌出「受害者」胜肽，隨著血液傳送到全身細胞，然後被細胞的感受器接收。

若菱可以想像露露全身細胞大快朵頤、狼吞虎嚥地吃著胜肽的盛況。

她還記得小學的時候，露露就會當著全班同學的面說：「我父母離婚了，我跟我外公、外婆住。」若菱的情形也一樣，可是她很怕別人知道她的事，所以很羨慕露露的直言坦率。露露的這一招也很管用，每當考試沒考好、功課沒做完、該帶的東西沒帶，老師們都會看在她是「沒爹沒娘的孩子」份上，對她比較寬容，所以露露習慣了這個受害者角色帶來的好處。

「她的細胞已經習慣了吃『都是別人害的』這種胜肽吧！」若菱想。

她記得電影裡面說，既然細胞習慣了這種胜肽，那麼如果不餵養這種胜肽給它們，我們的生理需求會促使我們做出種種行為，散發種種能量波動的頻率，讓可以產生這種胜肽的事件發生在我們的生活中。

「這真是太可怕了！」若菱打了個寒顫。如此說來，這些外在事件都是我們創造的囉？先是有了對胜肽的需求，然後我們的大腦在選擇有限的兩千位元資訊時，就會過濾資訊，製造出各種符合我們細胞需求的念頭，而這些能量的波動會吸引和它振動頻率相同的事物過來，於是……

離開同學會時，若菱一直覺得很不舒服。可能是對能量變得比較敏感了吧？吸收了太多露露釋放的負面能量，讓她無法消化。到家之後，志明還沒回來，若菱便拿出老人推薦的《恩寵與勇氣》，讀到老人要她抄寫的那一段：

我有一副身體，但我並非自己的身體。我可以看見並感覺到我的身體，然而凡是可以被看見以及被感覺到的，並不是真正的觀者。我的身體也許疲憊或興奮、生病或健康、沉重或輕鬆，也可能焦慮或平靜，但這與內在的真我全然無關。我有一副身體，但我並非自己的身體。

我有欲望，但我並非自己的欲望。我能知曉我的欲望，然而那可以被知曉的，並不是眞正的知者。欲望來來去去，卻影響不到內在的我。我有欲望，但我並非自己的欲望。

我有情緒，但我並非自己的情緒。我能覺察出我的情緒，然而凡是可以被覺察的，並不是眞正的覺者。情緒反反覆覆，卻影響不到內在的我。我有情緒，但我並非自己的情緒。

我有思想，但我並非自己的思想。我可以看見與知曉自己的思想，然而那可以被知曉的，並不是眞正的知者。思想來來去去，卻影響不了內在的我。我有思想，但我並非自己的思想。

我就是那僅存的純粹的覺知，是所有思想、情緒、感覺與知覺的見證。

讀完之後，雖然還是似懂非懂，但若菱覺得好多了，於是躺在床上昏沉沉地睡了。

19

被負面情緒套牢
情緒的障礙

被否定、被壓抑的情緒，例如悲傷和恐懼，就滯留在我們的身體裡，彷彿被籠子鎖住一樣，卡在我們的身體中。

若菱又坐在小屋裡，這一次卻格外沉默。

她覺得這趟神奇之旅有點像坐雲霄飛車，剛開始的時候很刺激、很興奮，現在則是陷入低潮，甚至有點沉重的感覺。認識自己、了解我們個人的潛意識運作模式，深入探索自己的內在，這個旅程並不是全然歡娛的過程。

「你說得對！」老人確認了若菱的想法。

若菱心想：「我只是想想你就知道了，真厲害。」

「對很多人來說，深入自己的內在就像在《愛麗絲夢遊仙境》的那個兔子洞裡探險一樣，下面的洞不知有多深，而且是全然的黑暗，你敢走到多深的地方呢？」老人問。

若菱無言以對。老人拍了拍手，轉換一下氣氛，然後故意大動作地拿根棍子指著地上畫的圓圈。若菱的情緒也被帶動得高昂了起來。是啊，今天又要再推進一圈了。

「情緒！」老人故意提高音量說，「這是每個現代人都面臨的難題。情緒問題是怎麼來的呢？」

他又拿了一支粉筆在牆上畫了起來。

首先，他畫了一個人形圖，然後問若菱：「什麼樣的負面情緒最困擾你？」

若菱想了一想，答道：「憤怒、悲傷、焦慮、恐懼……」

「等一下、等一下，一個一個來。」老人笑著說，「好，你的憤怒，當你感覺憤怒時，它是在你身體的哪個部位？」

若菱仔細回想，發現跟志明吵架的時候，她的胃最不舒服。

「好。」老人邊說邊在人形圖的胃部寫上「憤怒」。然後是「悲傷」，寫在肺部的位置；「焦慮」，寫在喉嚨處……就這樣一一加上去，這個人形圖上面立刻出現許多負面情緒的標記。

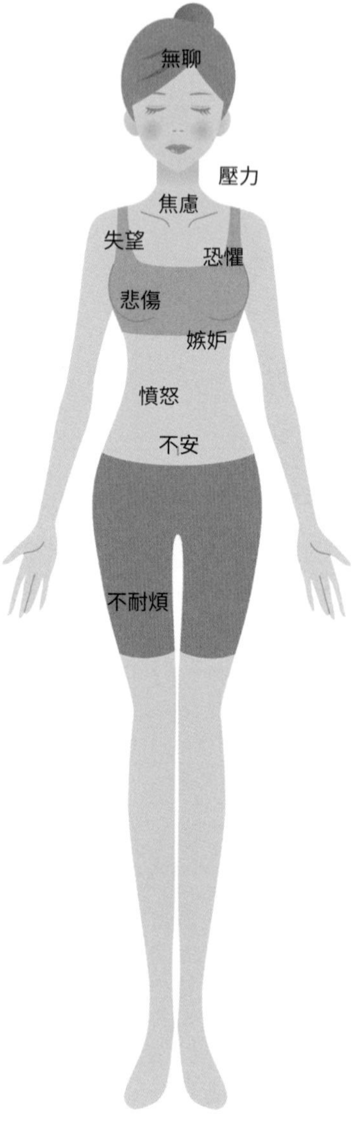
無聊
壓力
焦慮
失望
恐懼
悲傷
嫉妒
憤怒
不安
不耐煩

「這些情緒都是一種能量，尤其對孩子來說，**一些天生的恐懼、所求不得的憤怒、失望落空的悲傷，都只是生命能量的自然流動而已，它會來，就一定會走。**」老人嘆口氣，低聲地說，「壞就壞在父母對孩子身上這些自然流動的能量的態度。」

接著，他用手指在若菱的前額輕輕點了一下。

這時，若菱彷彿又進入了催眠狀態，回到四歲那一年。母親答應週末要來外婆家帶她出去玩，她從一早就守在窗外等候，等到天都黑了，母親還是沒有出現。小小的若菱站在窗外，一直哭、一直哭。

外婆起初還好言相勸：「別哭啦，媽媽可能有事不能來，下次她一定會來的。這樣好了，外婆帶你去買糖吃。別哭了，有什麼好哭的嘛？不要再哭了，傻孩子，沒什麼好哭的，哭夠了吧！」

若菱卻哭得一發不可收拾，最後外婆失去耐性，狠狠地打了她兩棍子，才嚇得她停止哭泣。

「你的感覺如何？」老人的聲音像是從遙遠的國度傳來。

「我好傷心！我、我……我被拋棄了！」若菱找了很久才找到這個詞來描述這個經驗，「還有被欺騙了！嗚……」若菱傷心不已，哭個不停。

老人等待若菱的悲傷逐漸平息，接著再次用手指點了一下她的額頭。這時，若菱又回到小時候的另外一個場景，是在母親住的地方。好不容易盼到母親接她來住一天，母親卻逼她早早上床睡覺，好跟男朋友在客廳裡看電視。

若菱不習慣一個人睡，母親又不許她開燈。「哪有小孩睡覺要開著燈的！」母親不由分說地把燈關了，留下若菱一個人待在黑漆漆的屋子裡。若菱嚇得全身發抖，戰戰兢兢地打開房門，再次請求母親：「媽，我好害怕！」

「怕什麼？」母親大吼，「都八歲了還怕一個人睡覺？你是怎麼被養大的？一點膽子都沒有，虧你還是我女兒！」

小小的若菱在黑暗中哭泣，把恐懼深深地壓在心底，帶著眼淚進入夢鄉。

「好了，回來吧！」老人輕柔地呼喚若菱。

若菱從深沉的潛意識裡逐漸甦醒，恍若隔世。

「所以，這些被否定、被壓抑的情緒，例如你的悲傷和恐懼，就滯留在我們的身體裡，」老人又拿著不同顏色的粉筆，在人形圖上的情緒標記周圍畫上框框，「彷彿被籠子鎖住一樣，卡在我們的身體中。這些能量有個特別的名稱，叫『痛苦之身』[14]。」

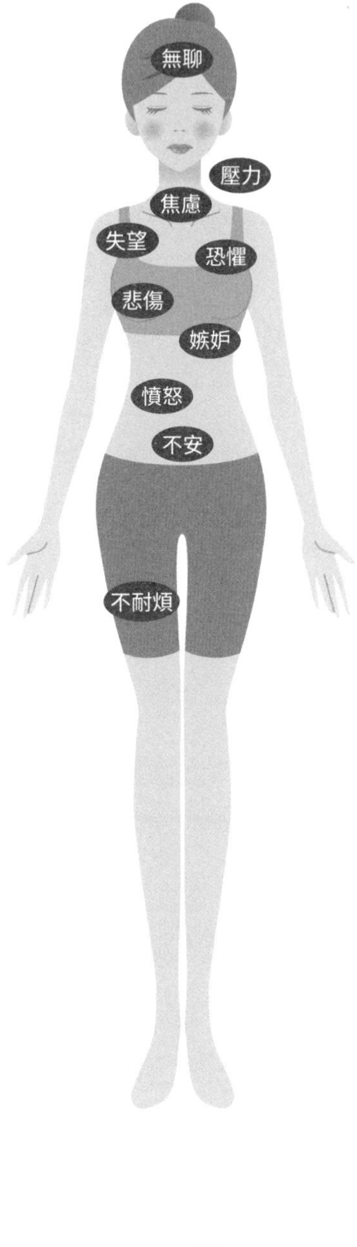
無聊
壓力
焦慮
失望
恐懼
悲傷
嫉妒
憤怒
不安
不耐煩

看著老人的圖，若菱不敢想像自己身上到底堆積了多少像這樣痛苦的能量，畢竟在她的成長過程中，從來沒有人給過她情緒上的支持和關懷。當她出現負面情緒時，大人不是想要幫助她立刻消除（買糖果給你吃哦，別哭了／再買一個給你就是了，別傷心／明天我帶你出去玩，別氣了），就是否定她的情緒（這有什麼好哭／好氣／好怕的），再不然就是打壓（不准哭，再哭就揍你／不准發脾氣，小孩子憑什麼生氣）。無論大人採取以上哪一種策略，她的情緒從來沒有被認可、被接受，所以也從未離開。

老人看著若菱的心路歷程，理解地說：「因此，將來你做母親之後，請記得要在情緒上給孩子無限的支持和認同。」

若菱不解地抬頭，問道：「那不是會寵壞孩子嗎？而且，我不會有小孩的。」說完又難過地低下頭。

老人笑笑，向她保證：「你會有小孩的，而這個教導就留給我的助教來教你吧。」

停頓了一下，老人繼續說：「**這個痛苦之身在我們的身體裡，是自成一格的一個**

能量場，有自己的生命力。它以痛苦為食，如果不餵養它想要的食物，它就會製造一些事端來產生所需要的情緒，好讓自己生存下去。」

若菱心想，怎麼聽起來如此熟悉？「哦，就是對胜肽的需求嘛！」

「沒錯，痛苦之身需要各種不同的胜肽來滋養它。」老人同意，「所以，對特定胜肽的需求會造成我們對某些事物的自動反應，就像那部電影說的，某一條特定路線的神經網路已經架構好了，所以遇到狀況時，我們會不假思索地自動做出反應。我們在眾多的資訊、現象、狀態之中，過濾出能支持我們、產生我們需要的胜肽的信念和想法，然後深信不疑。」

若菱想：「那我最主要的胜肽需求是什麼呢？」

老人定睛看著她說：「你很快就會知道了！」

14.《一個新世界》（方智出版社）這本書中對「痛苦之身」（pain body）有詳細的解說。

20

在谷底驚見陽光
情緒的體驗

當那種熟悉又痛苦的情緒出來時，你可以試著問自己：「我可不可以歡迎它？」當你這樣問自己時，你就在你和你的情緒之間創造了一個空間。

若菱循址去找老人的另外一個學生，就是他口中的「助教」。很奇怪，這次老人只給地址，沒有電話。若菱到了臺北西區一個比較雜亂的地方，驚訝地發現，她要找的人是個麵攤的老闆娘。

老闆娘正忙著煮麵。若菱看看時間，下午兩點多了，客人應該會慢慢變少，於是決定坐在旁邊等待。

「小姐，吃麵嗎？」老闆娘熱情地招呼她。

「嗯，哦……不，我是一個老人……」話還沒說完，老闆娘立刻放下手上的工作，衝過來熱切地問：「老人好嗎？」

若菱有點被嚇到了，但還是禮貌地說：「他很好，而且要我代為問候你。」

「好、好！」老闆娘笑開了，拉著若菱就要進房間裡，「來坐，來坐！」

「你的麵攤……」若菱擔心她的生意沒人照顧。

「沒關係。阿宏啊！」老闆娘扯開嗓子叫道，「幫我照顧一下！」

屋裡走出來一個年輕人，看到若菱，有點害羞地點點頭，然後乖巧地走到麵攤去接手。

「你的孩子好乖、好聽話哦！」若菱稱讚道。

「還不是老人幫忙教的。」老闆娘又笑了，露出滿口的金牙。

招呼若菱坐定，老闆娘還泡了茶，熱心地款待著。

「老人告訴我，你有一個很棒的故事。」若菱開口問。

「哪有什麼故事，就是生活啦！我以前嫁的那個老公很不好，天天喝酒，喝了酒就打人，我和小孩都一起揍。」老闆娘說起過去，好像在講另外一個人。「我那個時候什麼也不會，沒有謀生能力，想帶著孩子走，又怕養不活他，所以就想要帶著孩子去自殺啦！」

若菱聽得心驚膽顫，老闆娘仍然若無其事地繼續說下去：「後來碰到了老人，他好神哦。他問我是不是有一個酗酒而且會打人的老爸，真的耶，我爸爸就是像我老公一樣，我從小最怕聽到他喝醉酒拖著腳步回家的聲音，連我們家的狗都會躲起來耶！」

「老人幫助我看見，我是有點糊塗地把親密關係想成必須和我爸爸的那種模式一樣，以為我生命中的男人和我的關係就會是那個樣子，所以才會無意識地找到和我爸爸一樣的老公。而且，我小時候很想救我爸爸，可是無能為力，所以長大以後，就會找一個和他一樣的男人來拯救啦！」

老闆娘雖然沒讀過多少書，可是三言兩語就把自己潛意識裡的人生模式說得很透澈。

「然後，他叫我去找他的一個學生，她的遭遇和我一樣。不過人家是大學畢業生呢，老公還是大學教授，但一生起氣來還是不分青紅皂白地誰都揍。她告訴我，我們這種從小就遭受虐待的人，身體都會習慣性地想要一種化學的東西，叫什麼……」

「**胜肽**。」若菱幫腔。

「對啦，**胜肽**，就像吸毒的人要嗎啡一樣，很可怕呢！」老闆娘眼睛睜得大大的，一副心有餘悸的樣子。

「那麼，這種**胜肽**的癮頭要怎麼消除呢？」若菱迫不及待地問到重點。

「嗯，那個大學生是說什麼去靈修、打坐、唸經，或是禱告、唱詩歌啦，可是我又沒有宗教信仰，不想搞那些。她又說可以去練瑜伽，或是參加什麼工作坊、心靈成長課程之類的，聽起來是很好啦，可是我哪有那麼多美國時間和錢？我準備離婚，然後自己一個人養孩子，根本沒辦法去做那些！」

「那怎麼辦？」若菱都為她著急。

「老人說，去做那些事情是很好，很快就會見效，但是他教了我一些不花錢就可以達到同樣效果的方法，我試了以後，果然對我很有效。」老闆娘驕傲地說。

若菱豎直了身體，準備洗耳恭聽。

「首先，老人要我寫下一段話，而且每天要唸、要寫：『**我看見我在尋求被虐待的痛苦感受，我全心接納這種感受，並放下對它的需要。**』」

「這是什麼意思？」若菱不太懂。

「我也不太清楚耶。老人說，我們會有這樣的遭遇，是因為我們需要這種遭遇所產生的情緒。也就是說，我們的遭遇是配合我們需要的那種情緒而產生的啦。這是我們的一種模式、習性。比方說，如果你常常有不被愛的感受，你就寫：『我看見我在尋求不被愛的痛苦感受，我全心接納這種感受，並放下對它的需要。』」

「看見它、接納它，然後放下對它的需要？」若菱還是不太懂。

「老人說，這種東西哦，你愈去排斥，它愈不走啦，而且還會變得更強呢！所以，**看見了以後，就先接納它，然後告訴自己，我不需要這種情緒了，我要放下對它的需要**。他說這是說給潛意識聽的，這樣就把我們那百分之五的意識擴大了啊！」老闆娘努力地用她僅有的知識解釋著，「所以要天天唸、天天寫啦！」

老闆娘繼續說：「老人還說，當那種熟悉又痛苦的情緒出來時，你可以試著問自己：『我可不可以歡迎它？』」

「歡迎它？」若菱瞪大了眼。

「我們當然不能歡迎它啦！但是，當你這樣問自己時，你就在你和你的情緒之間創造了一個空間，你會比較平靜。即使答案是『不行』也沒關係。」老闆娘理解地笑了笑，「接下來，你還可以問自己：『那我可不可以允許它存在？』然後你會看見，**無論你允許不允許，它都存在了，可是當你回答『我可以允許它存在』的時候，你的**

內在會升起一股力量，你就不會那麼害怕、排斥讓你痛苦的情緒了。」

「啊！」若菱驚嘆，「真是妙！」

「老人還教我要寬恕，原諒我那個酒鬼老公。」老闆娘說。

「可是怎麼有辦法寬恕呢？」若菱問，「這又不是你想寬恕就可以寬恕的！」 15

「老人告訴我，每個人來到這個世界上都有不同的功課要學，我的前夫只是來幫助我，給我功課做而已。你看，」老闆娘指著周遭，「我現在自己賺錢養孩子，日子過得很快樂、很充實，都是我前夫幫的忙啊，我怎麼還會恨他？」

若菱聽得一愣一愣的，不知如何接腔。

「不過老人也說啦，我書讀得不多，心思比較單純，所以很容易接受這些方法。有些人書讀得太多，想得太多，反而放不下，那種人就要去修練了，要用各式各樣的靈修方法、走很多冤枉路，才能稍微放下。」

若菱看時間差不多了，趕緊提出另一個重要問題：「在情緒上全力地給孩子支持和認同，不會寵壞孩子嗎？」

「不會啦，」老闆娘又不好意思地笑了，「情緒的支持和認同，只是去接納孩子的情緒，不加以阻止或否定，但行為規矩還是要遵守的。」

老闆娘想了想，說道：「例如，孩子在吃晚飯之前想要吃糖，你不給他，他生氣地在地上打滾。這時候，你就把他抱起來，告訴他：『我知道你很想吃糖，那個糖果真的很好吃，媽媽也想吃，但現在要吃飯了，等吃完飯後，媽媽再跟你一起吃。』孩子如果還是繼續哭鬧，你可以說：『哦，我知道你吃不到糖果好生氣、好傷心，我們讓你摸摸糖果，跟它打個勾勾，說好吃完飯後就去吃它，好不好？』這樣，孩子的情緒可以充分被理解，他也可以自由地發洩情緒啦。」

老闆娘唱作俱佳，講話聲調有高有低，活脫脫是個演活市井小民（就是她自己）的演員。若菱覺得她擺攤賣麵實在太可惜了！

老闆娘看看若菱，又說：「老人說，**情緒就是一種能量，會來也會走，大人不要干涉，要讓孩子自己學會怎麼處理自己的情緒。我們要做的，就是給孩子無限的愛與支持，讓他們學會和自己的負面情緒共處。如果你用轉移焦點的方式教孩子避開負面情緒，孩子長大以後就學會用替代品來逃避情緒，**例如抽菸啦、吸毒啦，還有那些工作狂啦，很可怕呢！如果你去壓抑孩子的情緒，那就更不好了！」

15. 寬恕的真義，請參考《寬恕十二招》（奇蹟資訊中心）。

老闆娘的一席話聽得若菱好不佩服，難怪窮鄉僻壤之間也可以養出偉人，家庭教育真是重要！

21 擺盪於背叛、欺騙之間
情緒的爆發

一天之內遭逢兩個嚴重打擊，讓若菱真的覺得生不如死。怎麼會這麼巧？兩件事情同時發生，而且都讓若菱感覺被背叛、被欺騙。

午餐之後，若菱一走進辦公室就覺得氣氛有點不太對勁。她納悶今天是什麼日子，還是自己對能量太敏感了？

過了一會兒，老闆王力找她。若菱進了老闆的大辦公室，坐在他的正對面。

王力抬眼看了看若菱說：「今年你的表現很好，考績應該是第一名，但業務部門的老總心中另有所屬，堅持陳玉梅的表現比你好，而且陳玉梅還舉出一些例子，說你習慣搶別人的功勞，據為己有。」

看著驚呆了的若菱，王力無奈地說：「雖然是我的部門，但業務部門回饋的意見也是業績考核的重點之一，老總最後還是決定把考績第一名給陳玉梅。」

若菱此時氣得全身發抖，說不出話來，心想：「虧我跟她還算是好朋友！」

「我知道你的努力和成績，今年就暫時委屈你了。」王力站起來，拍了拍若菱的肩膀。若菱點點頭，全身無力地回到辦公桌前。

隔壁的玉梅若無其事地敲著電腦鍵盤，一副置身事外的樣子。

若菱實在氣不過，不禁寒著臉問：「你為什麼誣陷我？」

玉梅驚訝地抬起頭，「沒有啊！什麼事啊？」

「你為什麼說我愛搶別人的功勞？我什麼時候這樣了？」若菱忍住激動，冷冷地質問她。

「沒有啊，你聽誰說的？」玉梅一臉無辜。

別裝蒜了！若菱心裡充滿怨恨，再也受不了，拿起包包就往外走，心想這份工作不要也罷，人心實在太可怕又太可悲了！

走在車水馬龍的臺北街頭，頂著冬日的太陽，若菱真的不習慣在週間的日子裡，還是大白天的，就無所事事地走在路上。

「可見我多麼與自己的工作認同了！」若菱覺察到。

真的，工作是若菱生命中很重要的一部分，如今遭受這樣的打擊，對她來說真是痛苦。不過，真正讓若菱傷心的是玉梅的行為，讓她有種被背叛、被欺騙的椎心刺骨感受。

在街上逛了大半圈，一看手錶，才下午三點多，真的沒地方去了。「回家吧！」若菱突然很想好好休息一下。

到了家裡的巷子口，若菱突然有個直覺，便停下腳步、探頭一看，結果看到了她從未料想過的一幕——

志明和一名長髮女子剛走出社區大門，朝若菱的方向走來。若菱一驚，趕緊退到隔壁的巷子裡。

若菱觀察著他們的舉動，直覺告訴她，志明和那女子有說有笑的模樣，關係絕不單純。若菱已經震驚到不知如何反應。

「希望……希望他們只是普通朋友！」她不斷地安慰自己，魂不守舍地踏進社區大門。

管理員看到她，有點驚訝地問：「若菱啊，今天怎麼回來得這麼早？」

若菱忍不住問：「他常常帶那個女的來這裡嗎？」

管理員假裝沒聽到。半晌，他回過頭來，以憐憫的眼光看著若菱：「我不知道啦，那是你們夫妻的事，不要問我啦！」

若菱的心都碎了，這樣的回答證實了自己的猜測，她簡直無力再說任何一句話。勉強撐著身體回到家中，她刻意到主臥室、客房和書房轉一轉，看看有沒有什麼蛛絲馬跡，可是看不出個所以然來。

「真是慣犯了，手腳乾淨俐落！」她頹然倒在沙發裡，筋疲力竭，哭也哭不出來。

半夢半醒之間，彷彿做了一個夢。她夢到自己好像在美國讀書時住的地方整理車庫，有一輛破舊的腳踏車，若菱覺得放在車庫裡太礙事，沒有多想，就把它放在車庫門口的馬路邊上。沒多久，有個人來把腳踏車牽走，若菱急忙追上去，質問他為什麼拿走她的車。那人便說：「是你不要，我才拿走的。」

「真是個莫名其妙的夢！」若菱醒來後，揉揉眼睛，一時不知身在何方。直到看清楚自己是在黑漆漆的家裡，手錶指針指著七點，這才想起下午在辦公室和家裡發生的兩件悲劇。一時，她恨不得當場死去，免得面對這些椎心之痛。

「這是我的胜肽嗎？」若菱自問。一天之內遭逢兩個嚴重打擊，讓若菱真的覺得生不如死。怎麼會這麼巧？兩件事情同時發生，而且都讓若菱感覺被背叛、被欺騙。

現在寫「**我看見我在尋求被背叛和被欺騙的痛苦感受，我全心接納這種感受，並放下對它的需要**」還來得及嗎？我又怎麼可能歡迎這種情緒呢？

這個模式是如何養成的呢？若菱想起小時候，母親常常給她這樣的感受。每次答應要帶她出去玩，十次有八次落空，而且次次都有不同的藉口。後來母親嫁人了，又生了妹妹，若菱覺得自己徹徹底底地被背叛、被遺棄了。新仇舊恨加在一起，終於讓若菱放聲大哭，哭得肝腸寸斷，不能自已。

「為什麼？為什麼他們都要這樣對我？」若菱捶打著沙發，憤恨不已。

門口出現響聲，志明推門而入，看到滿臉淚痕的若菱，他嚇了一跳！

「怎麼了？」志明緊張地問。

他很訝異若菱怎麼會在這個時間回到家裡，還哭得傷心極了？

「被炒魷魚了嗎？」他語帶關切地問。

若菱不知道該怎麼回答。「真會演戲。」她在心裡冷笑道。

電視和小說裡常常可以看到人家潑婦罵街，對著變心的丈夫大吼大叫，但此刻的若菱已失去動力，連憤怒的能量都發不出來了。她低頭飲泣，遲遲才蹦出一句：「她是誰？」

志明呆了好半天不說話。他的模式一向是避免衝突的，在這個節骨眼上更是不知如何應對，只是訕訕地說：「我的同事……」

若菱直視他的雙眼，夫妻相對無言。

志明迴避著若菱的目光，想要解釋什麼，卻被若菱犀利的目光打碎了說謊的必要。

又過了好一會兒，若菱鼓起勇氣問：「你想要怎麼樣？」

時間凍結住了。以往為了一些小事，他們可以大動肝火，兩人一言不合，若菱就離家出走。而此刻，在這個大是大非的問題上，她卻顯得格外冷靜。

志明欲言又止了好幾次，彷彿正在經歷激烈的內在衝突。

若菱挺起胸膛，淡然道：「說吧。」

志明終於拿出最大的勇氣，擠出一句話：「我想離婚。」

若菱的最後一線希望像高空中的風箏一樣，斷了線，在無垠的天空中飄向遠方，消失在雲海之中。

22

是誰在傷口上撒鹽？

情緒的療癒

當你感受到撕裂般的痛楚時，不要逃避、不要抱怨，全然地經歷它，讓這個壓抑多年的能量爆發出來，以不批判、不抗拒的態度，在全然的愛和接納之中經歷它。

若菱愁雲慘霧地坐在老人的桌前，哭喪著臉，一切盡在不言中。

老人心疼地看著她，像看著一個跌倒的孩子，給予她情緒上全面的支援，但希望她能用自己的力量站起來。

過了很久，若菱堅強地抬起頭，看著老人，鄭重地宣布：「好，我知道了，我的人生模式之一就是要去經歷被背叛、被欺騙的情境，因為我從小就在豢養這方面的胜肽。那又怎樣？」若菱開始聲淚俱下，「我最好的朋友欺騙我，我的丈夫背叛我，我好痛啊！我活著幹什麼？不如死了算了！」

若菱甚至覺得如果沒有遇到老人就好了，至少她可以把所有的責任推到別人身上，自己就可以成為一個完全無辜的犧牲者、受害者，全力地攻擊別人。可是現在的她，不僅無法像一般怨婦那樣撒潑，反而還要努力冷靜地分析自己的潛意識模式，真像動手術不打麻醉藥一樣。

然而，若菱畢竟是個弱女子，不是關雲長，面對眼前的痛，無法泰然處之。

「我有辦法超越自己的情緒嗎？我這麼痛，有什麼代價和收穫呢？我會因此而成長嗎？」若菱哽咽著問。

「受苦有兩種，」老人平靜地勸導，**「一種是無知、無明的受苦，就是任由潛意識操控而受苦，同時還抱怨、抗拒那份痛苦。這樣的受苦無法讓你成長。」**

若菱噙著淚水，在淚眼矇矓中看著老人。

「另外一種是有覺知的受苦。當你感受到撕裂般的痛楚、彷彿要爆炸似的憤怒，你不逃避、不抱怨，全然地經歷它，讓這個壓抑、隱藏多年的能量爆發出來，以不批判、不抗拒的態度，在全然的愛和接納之中經歷它。這樣的受苦是你走出人生模式、成長茁壯的契機。」

「那要怎麼做呢？」若菱在絕望中抓住了一根稻草。

「你現在很氣你的朋友和老公嗎？」老人問。

「不只氣，我恨他們！」若菱咬牙切齒。

「那麼閉上你的眼睛，感受此刻的憤怒和怨恨。」老人命令她。

若菱依言閉上眼睛，眼前浮出玉梅的假笑，以及志明和長髮女子揚長而去的畫面，她真的覺得自己快要爆炸了。

「你在身體的哪個部位可以感受到最強烈的憤怒？」

「胃部。」若菱說著揉了揉自己的肚子。

老人拿了兩個軟坐墊放在若菱面前，告訴她：「全然地去感受你胃部的不舒服和憤怒，然後把這兩個墊子當成你恨的人。你首先要做的，是盡量把怒氣發洩出來。」

若菱遲疑了一下。老人抓住她的手，重重地打在墊子上，幫助她啟動。

起初，若菱慢慢地、一下一下地用拳頭擊打那兩個墊子，後來怒氣愈來愈旺，下手愈來愈重，變成像雨點落下似地瘋狂捶打，嘴裡還喊著：「我恨你，我恨你，你不要臉，你壞死了，我真的恨你，永遠不會原諒你，你一再地欺騙我……」若菱激動得一直捶打坐墊，淚如雨下，無法停止。

狂亂地發洩一陣之後，若菱突然發現，眼前出現的，竟然是她的母親，還有父親。

「不要批判、不要抗拒，就是去接納這個憤怒，讓這股能量自然地流露出來，不要壓抑！」老人從旁提醒。

若菱這才第一次察覺到，她有多恨她的親生父母。「你們拋棄了我，不要我，讓我變成沒有人要的孩子，我恨你們，我恨你們！」接著，一股強烈的悲傷從胸口湧出，讓她的眼淚、鼻涕和口水一股腦兒地往外流，完全不受控制。若菱覺得自己已經接近瘋狂的狀態。

「不要想，只是去經歷它，用愛去接納你壓抑了幾十年的憤怒和悲傷。」老人又一次提醒。

若菱再度投入瘋狂、暴烈的情緒發洩之中，把幾十年的怒氣、痛苦和悲傷一股腦兒地倒出來。兩個可憐的坐墊已經被打得快要破掉了，上面全是眼淚、鼻涕。

真的像是狂風暴雨過後一般，若菱披頭散髮，兩眼浮腫，臉上的妝全糊了，現在如果走到街上，別人看了一定退避三舍。

老人給若菱一盒面紙，讓她擦乾臉上的淚痕。「感覺怎麼樣？」老人問。

若菱吸了口氣，胸口真的舒服多了，胃部的大石頭也不在了。「好多了！」她如實回答。

老人又給了她一些喘息的時間，才又開口：「**壓抑多年的情緒就像黑暗的能量，唯有帶著愛的覺知之光，才能消融它們。**」

「可是……」若菱遲疑著，「我明天還是要面對這一切，收拾殘局啊！」

「是的，現在是你學習臣服[16]的時候了。」老人嚴肅地說。

「臣服？向他們臣服？」若菱挑高了眉毛。她很想說：「有沒有搞錯？」但這句話被她硬生生地吞回去了。

「不是對人臣服，是對事情臣服，對本然（what is）——就是已經發生的事情——臣服。」老人解釋。

「可、可是……我怎麼可能對玉梅所做的事，以及志明背叛我、要跟我離婚這件事情臣服呢？」若菱還是不明白。

「這些都是已經發生的事情了，你除了臣服，還能做什麼？」

「你的意思就是要我什麼也別說、什麼也別做，任人踐踏我？」若菱還是牙尖嘴利，「那我心理能平衡嗎？」

老人繼續開導她：「你在情緒上要先接納已經發生的事。比方說，玉梅的陷害，你接受了，就是不去生氣了，因為你再氣，都無法改變她在背後捅你一刀的事實。」

若菱無奈地嘆了口氣。

老人繼續說道：「接下來，你的選擇就是：原諒她，繼續與她為友，或者決定對她敬而遠之。然後，對於可以改變的事，你還是可以盡力去做，力挽狂瀾。但無論你的選擇是什麼，你都必須對她在背後誣陷你這件事情臣服。」

「為什麼？」若菱聽見「臣服」這兩個字就有氣！

「因為事實最大，因為已經發生的事情是無法改變的。如果你不接受它，就好像拿頭去撞一面牆，還希望把它撞開，根本無濟於事、徒勞無功啊！」老人搖頭嘆息，**「人之所以會受苦，最大的原因就在於抗拒事實。」**

「那我就讓小人得逞囉？」若菱還是據理力爭。

「你可以選擇去跟老闆和老總解釋整個狀況，如果他們還是不能接受，你可以

16.「臣服」的概念在《修練當下的力量》（方智出版社）這本書中有精采的描述。

選擇明年更加努力，讓他們無話可說，必須把考績第一名給你；或者，你覺得這不是一個能讓你公平競爭的環境，你可以掛冠求去。」老人鼓勵她，「無論你的選擇是什麼，不帶負面情緒去做這些事，會比帶著情緒去做好得多。」

「嗯，做這些後續的事情時，如果有負面情緒的話，的確無濟於事。」若菱終於承認，但還是有些憤憤不平。

「好，」老人讚許道，然後語重心長地說：「臣服的第一步，就是要先看見自己的抗拒，並且看見自己的抗拒是徒勞無功、無濟於事的。現在生命給了你一個體驗和成長的契機，你能夠通過這個考驗嗎？」

「我一定可以做好！」若菱鼓起勇氣，「生命留給我這樣一個巨大的創傷，我不會繼續在上面撒鹽，而是會努力讓傷口好好癒合，使自己的情緒和心靈恢復健康。」

23 愛過、痛過、哭過之後臣服的體驗

所有發生在我們身上的事件都是一個個經過仔細包裝的禮物，只要願意面對它有時稍嫌醜惡的包裝，帶著耐心和勇氣，一點一點地拆開包裝的話，我們會驚喜地看見深藏在裡頭的禮物。

若菱做好萬全的準備，鼓起勇氣踏進辦公室。同事們看到她，有的給予鼓勵、同情的眼光，有的則是一臉幸災樂禍，若菱顧不得去分析這些人的心態了。走到自己的座位，看見玉梅已經坐在她的位子上，假裝沒看到若菱。

若菱決定採納老人的意見：對已經發生的事情臣服，因為任何程度、任何形式的抗拒都是徒勞無功的。她接納了被自己的好友出賣的事實，也決定從此和玉梅保持禮貌的距離，和其他同事一樣。

她沒有辦法像麵攤老闆娘原諒前夫一樣地原諒玉梅，雖然她知道玉梅也是來給她「功課」的，但現階段她無法放下，所以決定不要勉強自己。不過，若菱可以從玉梅的角度來看事情了——她一心想要往上爬、力求表現，甚至到了出賣好友的地步。若菱倒是可以從憐憫的角度看待這一點。

另外一個迫使若菱這麼快就從這件事情走出來的原因是：她想趕快放下這件事，好專心地處理與志明之間的事情。同樣地，她必須接納志明有了外遇這個「事實」，但她還是可以採取相應的行動。

傳統的「一哭、二鬧、三上吊」，就是擺明了不接受事實的徒然掙扎，反而把事情愈弄愈糟。若菱知道志明的外遇觸及她幾個痛處：

第一、覺得自己總是不夠好的想法。她認為：「一定是我做錯了什麼，一定是我不夠好，他才會另結新歡。」

第二、若菱對未來原本就有很深切的不安全感，很不喜歡生活中有任何變動。現在，婚變的事實逼得她要去面對完全不可知的未來，真是令她惶恐不安。

第三、無論她是不是真的還很愛志明，畢竟共同生活了這麼久，感覺就像親人一樣，志明已經成為她生命中的一部分了，突然要割捨，談何容易？

若菱回想老人的一些教導，她知道那個「覺得自己不夠好」的想法來自我們與真我分離的結果。然而，無論在理性、知性層面了解得多麼透澈，若菱的自尊心還是受到了很大的傷害。

而且這幾天，若菱老是有一些非常負面的想法：「我真的有那麼糟嗎？她有哪一點比我好？我真的是很笨、很差勁，連自己的老公都看不住……」這些念頭在她腦子裡此起彼伏地出現，擋也擋不住。

若菱想起水結晶的研究、米飯的實驗，她知道這些負面思想對她的能量和心態的健康沒有一點好處，但就是無法遏止。

而老人的意思是，浴火重生的鳳凰會更有生命力。若菱的自我太與她的婚姻認同了，因此全面挫敗以後，如果她可以重新找到立足點，就會變得更堅強、更有自信。

另外，老人也保證，**所有發生在我們身上的事件都是一個個經過仔細包裝的禮物，只要願意面對它有時稍嫌醜惡的包裝，帶著耐心和勇氣，一點一點地拆開包裝的話，我們會驚喜地看見深藏在裡頭的禮物。**

對於老人的這些說法，若菱並不是那麼樂觀，但是她相信老人，願意拭目以待。

「李經理，老闆找你。」同事通知她。

若菱心想，不知道又有什麼事。還是跟考績有關嗎？老闆覺得愧疚了？

坐在偌大的辦公室裡，王力以堅定的眼神看著若菱，對她說：「我想了一下，考績不給你第一名真的很不公平。於是，我昨天就跟老總據理力爭了一下，他同意今年我們應該有兩個第一名，因為現在行銷部門人很多，而且今年我們推出不少新產品，大家都很辛苦，應該有這樣的獎勵。」

若菱喜出望外，熱淚盈眶地看著王力，說了聲：「謝謝！」

王力欣慰地看著若菱說：「好好加油啊，不要因為受到打擊就氣餒了！」

若菱怕自己當場失態，趕緊走出王力的辦公室，又到洗手間去痛哭了一場。老闆的話對她有雙重意義——工作上和婚姻上的。雖然他是言者無心，但觸動了若菱這個有心人。

回到座位上，若菱想起剛剛進辦公室時同事的眼光。大家應該是昨天或今天就知道她也被列為第一名的消息了（這種事情在辦公室傳得很快的），所以她進來的時候，覺得有些同事「同情、鼓勵」，有些同事「幸災樂禍」，都是她的大腦自己篩選、過濾、定位出來的，其實並非事實。

「我們的頭腦真的很會欺騙我們，」這是若菱深切的體會，**「它會看見它想看到的東西，收到它想接收的訊息，無關乎外在的條件或事實是什麼！」**

回到家中，志明已經回來了。若菱輕聲地問：「吃過了沒？」

志明連忙說：「吃過了。」

若菱心一痛，很想問：「是和她一起吃的嗎？」但她忍住了沒說，自己到廚房去弄了點東西吃。

志明對若菱知道事情之後的表現很是詫異，以他對她十幾年的了解，若菱雖然不至於一哭二鬧三上吊，但也是絕對不會輕易善罷甘休的。若菱冷靜的反應讓志明有點心慌，不知道她究竟是怎麼想的，該不會到學校去大吵大鬧、讓他難堪吧？

其實，若菱真的不知道下一步該怎麼辦，只好隱忍著不發作。

志明有意無意地迴避若菱，因為她到底是心如止水，或者是暴風雨前的平靜，他一點也猜不透，於是就待在客房裡不出來。自從那天鬧開了以後，志明就一直睡在客房。

吃完了飯，若菱早早上床睡覺。志明出來，在客廳看了一會兒電視，接著便去洗澡，然後就回去客房睡了。本來還抱著一絲希望，期待他能進來臥室睡覺的若菱，聽著志明進進出出的腳步聲、關門聲，然後一切歸於寂靜，又忍不住潸然淚下……

24

夢的秘密
當下的臣服

當你接納了當下，不徒然浪費力氣去抗爭時，事情往往會有意想不到的轉機出現。

溫暖的地方總是讓人流連忘返，尤其是對於感覺寒冷的心。所以，若菱再一次回應小屋的召喚。

前往小屋的路上，山路前面可能發生了車禍，車子大排長龍，把公路變成了停車場。若菱其實很急著想要趕到小屋去見老人，但她隨即想到：「塞車，是誰的事？」

「老天的事！」若菱可以想像老人回答這個問題時似笑非笑的表情。

「老天的事，我管得了嗎？」

「管不了！」

「管不了該怎麼辦呢？」

「臣服啊！」

若菱莞爾一笑。是啊，除了臣服，其他所有的舉動、感受，都是徒勞無功且白費能量的。若菱決定好整以暇地坐在車裡聽音樂，靜待警察來抒解壅塞的交通。

放鬆下來之後，若菱瞥到了旁邊的一條小路。她依稀記得以前念大學的時候，有一次同學們上山玩，曾經故意拐進小路裡面探險，結果發現了一條可以通到山上的路。幸好若菱的車不是很大，應該可以試試看。

與其坐以待斃，不如起而冒險。順著小路進去，這裡很多都是私家路，若菱也顧不了那麼多，一路蜿蜒向上，果然找到了通往大路的途徑，順利抵達老人的家門口。

此刻，若菱坐在壁爐的火邊，看著牆上跳動的火光。她與老人分享了公司破例讓她和玉梅同列第一名的決定，以及自己上山時的經歷。

老人很滿意地點點頭，說道：「**臣服的好處就是，當你接納了當下，不徒然浪費力氣去抗爭時，事情往往會有意想不到的轉機出現，你才發覺原來的掙扎真的是白費**

力氣。而且，正因為你把能量充分聚焦在眼前的事物上，有的時候，你會發現更好的解決之道，幫助你脫離眼前的困境，或者你不喜歡的情境。」

老人又在地上的圓圈裡加上兩個字：臣服。「所以，破解情緒障礙之道，最重要的就是臣服。」

若菱點點頭。但是她知道，她仍然無法就此放下婚姻的巨變，也許是有一口氣放不下，也許是對志明真的還依戀不捨。這真是個痛苦的考驗。

「你最近感覺怎麼樣？」老人關心地問。

「我前夫，哦，我老公……」不知怎地，若菱居然稱呼志明為「前夫」了，難道

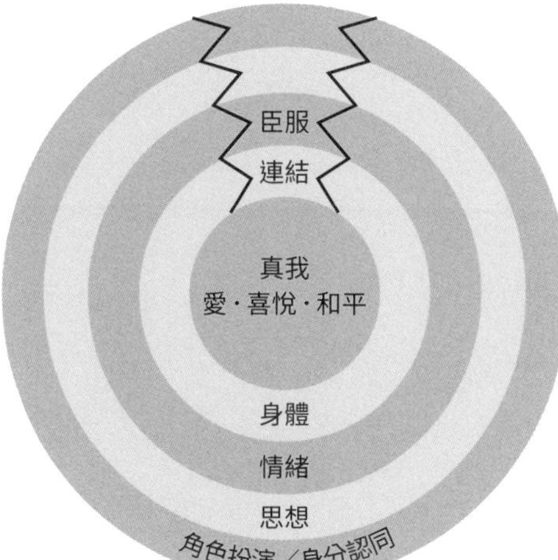

她的潛意識已經接受了這樁婚姻注定要破裂的事實？「他一直都沒有和我坐下來好好談，他是個很害怕面對衝突的人。」

老人理解地點點頭，突然問道：「你最近有沒有做什麼夢？」

若菱一時想不起來。突然間，她想起那個下午在家裡等志明的時候，做了一個不知所云的夢，便一五一十地告訴老人。

老人認真地傾聽，然後開始問問題。

「那輛腳踏車，你在美國是拿來做什麼用的？」

「嗯？」若菱不懂，腳踏車當然是拿來騎的啊！

「我的意思是，它是用來代步，或者娛樂健身的？」

「哦，是用來代步的。從家裡到學校，很近的。」

「你在夢裡為什麼把那輛車搬出車庫？」

「當時我開始工作了，開車上班，不太用得到那輛腳踏車，覺得它又舊又占地方，所以想處理掉。」

「那為什麼不直接拿去丟掉，而是把它放在車庫的車道旁？」

若菱想了想，「我可能還是覺得有點捨不得吧。好好的東西，雖然沒用了，可是

又沒有壞，而且那是我以前用來上學的……」對於老人問這麼多關於夢的細節，若菱有點詫異。

老人不再發問了，閉著眼睛不說話。

過了一會兒，若菱問道：「這個夢……有什麼特殊意義嗎？」她記得李建新說過，夢是潛意識的語言。她的潛意識想告訴她什麼事嗎？

「你的潛意識很妙，它不直接告訴你它的內容，而是用了很多象徵和比喻。」接著，老人緩緩地透露：「在這個夢裡，你的腳踏車就代表你的丈夫。」

「志明？」若菱瞪大了眼睛，「志明就是那輛腳踏車？」

老人點點頭，然後說：「你自己好好想想。」

若菱有一點不敢想，難道在她的潛意識裡，志明只是一個「用舊了、不再有用處的交通工具」？

「當然也不是那麼具象啦，」老人安慰她，「這個夢只是暗喻著，在潛意識層面，你其實已經知道自己不需要志明了，但表意識依舊割捨不下，因為有人來把腳踏車牽走的時候，你還抗議呢！就像現在的狀況。」

若菱覺得她需要花一點時間來消化老人對這個夢的解釋，畢竟一下子冒出這麼多潛意識的東西，的確需要一些時間整理一下。

不過，她還是忍不住向老人訴苦：「現在有很多強迫性的念頭在我的腦子裡盤旋不去，讓我很苦惱呢！怎麼樣才能停止我們腦袋裡的思想？」

「**腦袋裡的思想，我們無從控制，**」老人平靜地說，「**只能藉由觀察它、檢視它來轉移。我會教你怎麼做的。**」

若菱如獲大赦地靜靜聽著。

「記不記得第一次見面的時候，我就要你去觀照自己的思想？」

若菱點點頭。

「**看到自己的思想的同時，你就切斷了與它的認同。如果進而去檢視它的真實性，你會發現，我們百分之九十的思想幾乎都是不正確的。而當你不再盲目地聽從腦袋裡的聲音時，就是它可以止息的時候了。**」老人歪著頭想了一會兒，寫下一個名字和一個電話號碼給若菱，「你去找她，她會告訴你如何檢視自己思想的真實性。」

想一想，老人又寫了一個名字和一個電話號碼，「她也是很好的體驗者，會幫助你度過目前的難關。」若菱仔細地把老人寫的紙條收好。

「還有一個方法，就是把注意力帶回到當下。因為，**你如果去看自己的思想，會發現你所想的東西不是在過去，就是在未來，很少關注當下這一刻**。」老人很認真地說，「這時，假如你把注意力拉回你此刻正在做的事情上，比方說，如果你在洗碗，就去感受水的溫度、皮膚和碗盤接觸時的感受、碗盤從油膩到乾淨之間的觸感變化等等，就可以阻止自己胡思亂想。」

「那麼，假如我當時沒在做什麼呢？比方說，坐車、等待的時候？」若菱提出的問題都很實際。

「很好，」老人讚許道，「那你就把注意力放在自己的內在身體，去體驗你當時身體各部位的感受，或者把注意力放在呼吸上。因為你知道嗎？」老人停頓了一下，「我們的思想總是在過去和未來，但是，我們的身體和呼吸卻永遠處於當下。」

25

背負重責大任的腦袋

檢視思想

我們每個人每天都在挑剔很多東西，吃的、穿的、用的，還有自己的親人、朋友，可是我們卻從來不挑剔自己腦袋裡的思想，它說什麼，我們就相信什麼。

老人這次介紹的，是一位真正的老師——心靈成長課程的老師。她接到若菱電話的時候很高興，建議若菱來參加她的一個工作坊，叫「拜倫．凱蒂『一念之轉』」[17]。

若菱看了一下上課時間，發現自己剛好有空，加上她也想減少和志明碰面的次

17.拜倫，凱蒂的轉念作業可以參考她的書《一念之轉——四句話改變你的人生》（奇蹟資訊中心），以及《我需要你的愛。這是真的嗎？——四個問句改變愛的關係》（方智出版社）。拜倫．凱蒂的網站：www.thework.com。

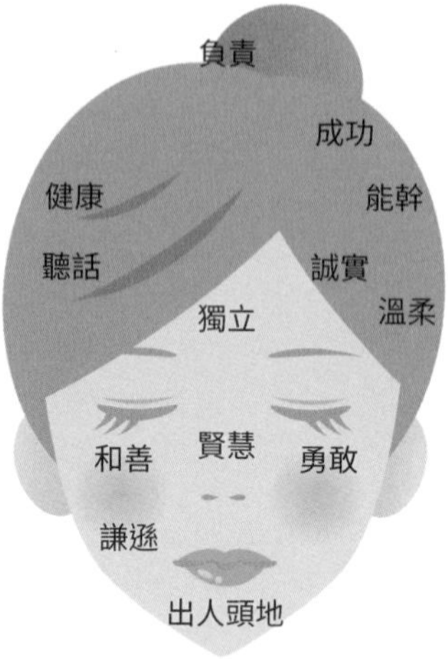

數，免得尷尬，便答應了。

到了新店的一家靈修中心，若菱立刻感到很舒服、很放鬆，整個中心好像有一股奇怪的氛圍，讓她有回到家裡的那種溫馨和舒適感。進入教室時，其他學生都到了，老師抬頭看見若菱，彷彿知道她是誰，給了她一個很溫暖的微笑。

若菱看到老師時也嚇了一跳。這位老師從前也是演藝圈的名人，後來經過婚姻失敗等一連串打擊，就銷聲匿跡了。後來聽說她潛心靈修，現在不但生活美滿，而且整個人散發出清新、祥和、慈愛的氣質，當然，美貌依舊。

若菱坐了下來，聽見老師正在說：「我們每個人每天都在挑剔很多東西，吃的、穿的、用的，還有自己的親人、朋友……可是我們卻從來不挑剔自己腦袋裡的思想，它說什麼，我們就相信什麼。」

若菱一聽，覺得很有道理。真的耶，自己的心裡在想些什麼，我們從來不去質疑，一直信以為真。誰曾經想過自己的思想可能會「欺騙」我們呢？

「我們對自己的思想深信不疑，讓它牽著我們的鼻子走。」老師做了一個牛環的手勢，套在自己鼻子上，同學們都笑了。

「那麼，這些思想是怎麼來的呢？人生下來的時候是一片空白，並不會思考，是誰把思想放進我們腦袋裡的？」老師站起來，在白板上畫了一個人頭。這時候，其他同學七嘴八舌地提出父母、老師、電視、社會、朋友等答案。

老師點點頭，然後指著一位同學問道：「小時候，你的父母告訴你，你應該要怎麼樣？」

那位同學瘦瘦的，帶著一絲憂鬱的氣質。她說：「要聰明、能幹。」

「很好！」老師說，然後在人頭上寫下「聰明、能幹」。

「你呢？」老師指著班上唯一的男同學，「你的父母告訴你，你『應該』要怎麼樣？」

那位瘦小的男同學說：「勇敢、獨立。」

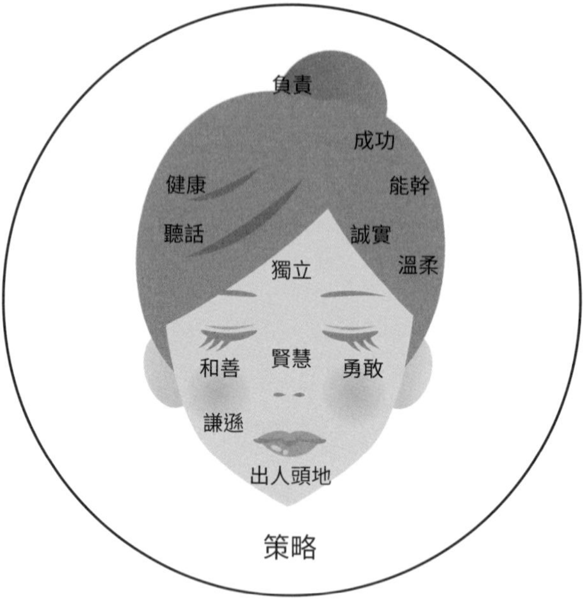

「是，男孩子嘛，應該要勇敢、獨立！」老師同意，在人頭上又加了些東西。

問到若菱時，她不記得小時候父母親曾經認真地要求過她什麼，他們就是覺得若菱應該「聽話、懂事」。老師把這個也加上了。

最後出現的，是一個裝滿重責大任的腦袋。

「好，有很多的『應該』哦！這是每一個人的理想。可是，我們每個人都有很多面呀！我們有勇敢的一面，就一定有膽怯的一面，因為這是個二元對立的世界，我們是一個完整的人，不可能只有一面，而沒有另外一面。再能幹、再完美的人，也會有能力不及之處，但是因為你被告知『應該』要『勇敢』，所以你怯懦的那一面呢？」老師做了個手勢，手往旁邊一揮，「就被你丟到牆角去啦！」

停頓了一下，老師繼續說：「如果你從小就被灌輸『你必須很能幹』這個理想，那麼你不能幹的地方、你能力有所欠缺之處一定會被你否定和壓抑，是不是？」

老師用她美麗的大眼睛，直視每一個同學。

「所以，凡是不被允許的那些特質，就被我們壓抑在潛意識裡。但它們是一種能量，不會因為你不承認它的存在就消失啊。」老師停在這裡，讓同學們大致檢視一下自己的潛意識垃圾桶裡都存了些什麼東西。

「這些東西就是心理學家榮格所說的『陰影』，是被我們否定、壓抑、抗拒的內在特質。這些被我們壓抑下去的陰影，以及從小到大不被父母和社會認同的各種情緒，都是沒有釋放的能量，儲存在我們的細胞記憶裡。它們不時會浮上檯面，造成我們的困擾，但我們並不想去看它們。於是，我們怎麼做？」

老師在人頭周圍畫了一個圓圈，寫上「策略」兩個字。

「我們就發展出許多策略，來逃避這些蠢蠢欲動的不安、浮躁、突如其來的暴怒、莫名的憂傷，以及在腦海裡喋喋不休的『你不夠好，你是錯的，你不如別人，你不夠完美』的緊箍咒。」

接著，老師問大家：「我們發展出來的策略有哪些？」

「拚命工作！」一位看起來就像女強人的同學這樣回答。

「是的，」老師說，「有些人每天把時間排得滿滿的，就是不願意去面對自己。」

「喝酒、抽菸。」一位面目清秀的女孩說。

「是啊，任何上癮症，包括刷卡購物、泡夜店狂歡、大吃大喝，都是因為有難言之隱吧！」老師把同學們提出來的各種策略都寫在白板上。

拚命工作、酗酒、抽菸、各種上癮症、看電視、追星、過度運動、幫助別人、不停地讀書、學習、泡夜店、換伴侶、換工作、在生活中製造各種戲碼、當義工、投入各種團體

「還有……」老師神秘地說，「上各種心靈課程、參加工作坊、打禪七、到處參加灌頂法會、上教堂、望彌撒。」

同學們聽得目瞪口呆，有個女孩勇敢地問道：「你是說，這些靈性的追求、宗教的修持也有可能成為我們逃避面對自我的一種手段？」

「為什麼不可能？」老師反問，「假如你不面對自己的陰暗面，光是拚命上課、靈修、參加各種宗教活動，甚至持咒、唸經、禱告、唱詩歌，也是沒有用的。那個你不想去面對的內在部分，就像《愛麗絲夢遊仙境》裡的兔子洞一樣，又深又暗，連耶穌、佛陀或任何大師都碰觸不了。只有當你自己願意進去探索，把裡頭的東西拿出來攤在陽光下，或是把光帶到洞裡面時，療癒才會發生。」

同學們靜默了很久，消化著這個難解的課題。

過了好一會兒，老師又說：**「接受了這麼多的『應該』和理想，我們於是產生了許多信念、價值觀、態度和標準，來約束自己，也用來衡量和批判他人。這些就是我們每日所思所想的基礎，但我們從來不去檢視自己思想的正確性。」**

跟其他很多老師一樣，她也規定了回家功課：「你們回去按照這份作業的要求寫下自己的想法，明天我們就來檢視一下這些想法的真實性。」

若菱這個好學生立刻在腦子裡開始思考回去怎麼寫這份作業，卻被老師打斷了。

「現在，我們一起來靜心。」

若菱心想：「如果平時自己也能靜心、什麼都不想，就太好了。這簡直是一種奢侈啊，我……」然而在令人放鬆的樂聲中，她卻一下子就入定，原本紛擾的思緒很快地消散了。

「大概是團體能量磁場的緣故吧，真舒服！」若菱想。

26

親愛的，外面沒有別人

轉念作業

當你對某一類人或他們的行為特別看不順眼時，就是一種自我投射的行為，也是一種逃避策略。其實，他們的那些缺點你都有，只是你不想承認罷了。

看到老師發下來的作業，若菱著實有點納悶。作業的題目叫「批評你周遭的人」，須按照要求把自己的想法寫下來，一共有六個題目。

若菱最想著墨的當然是志明，但又不想在陌生人面前吐露自己的婚姻問題，所以她琢磨著該怎麼寫這份作業，搞到很晚才睡。聽見志明進屋的腳步聲，和他關上客房房門的聲音，又是一陣心痛。

第二天是週日，若菱起了個大早，滿懷期待地前往那個靈修中心，聽老師的課。一開始，老師又帶領大家靜心，若菱身在一股無形的能量中，感覺好放鬆，身體輕飄飄的，思緒也不知道飛到哪裡去了，直到聽見老師的呼喚，才依依不捨地睜開眼睛。

「昨天我們談到逃避自己、逃避其他問題的策略。其實還有一種策略，叫作……」老師在白板上寫下「投射」兩個字。

「什麼是投射呢？比方說，我從小就被教導說我應該是一個聰明的人，我也自認為很聰明，便壓抑、否認了自己不聰明的地方。當我看到不聰明的人時，他們提醒了我不想去面對的內在部分，所以我特別討厭不聰明的人，對他們很沒有耐心。」

老師停下來，看看所有的學生，然後繼續說道：「同樣地，**當你對某一類人或他們的行為特別有意見、特別看不順眼的時候，就是一種自我投射的行為，也是一種逃避策略。其實，他們的那些缺點你都有，只是你不想承認罷了。**」說著，老師用手比出一把手槍，對準某位同學，然後說：「你看，當我手指著你批評的時候，有幾根手指對著我自己？」

很明顯地，一根手指向著對方，三根對著自己。接著，老師又說：「我的老師最喜歡說的一句話，就是——」她看看若菱，顯然她說的是老人，「**親愛的，外面沒有**

別人，所有的外在事物都是你內在投射出來的結果。」[18]

針對老師的這句話，同學們展開了熱烈的討論。班上其他同學好像都已經是靈修老手了，對老師說的話很能呼應、認同，若菱卻覺得自己需要一些時間來消化這麼激進的觀念。

首先，有位同學就提到了那部若菱看不太懂的電影，他以電影的部分內容為例，說：「觀察者在事情的各種可能性中選擇了一種，事情就如實發生了。所以，事情是我們的『選擇』，我們並不是被動地看事情發生。」也有同學提到「吸引力法則」，能量振動頻率相同的事物會彼此吸引，因此，發生在我們周遭的事物都是我們本身的能量吸引過來的。

還有同學提到「因果業報」的說法，但他們的觀點是：命是可以改的，如果行善積德，再大的前世報應也可以消滅到最低。

有位同學忍不住了，她的觀點不太一樣：「我是個基督徒，我認為有一個最高力量在管制這個宇宙。你們這樣說，好像人可以超越神，掌管自己的命運。」

18.更多有關「投射」的資料，請參考我的另一本著作《活出全新的自己》。

大家突然變得鴉雀無聲，對於半路殺出這麼一個程咬金很是震驚。若菱倒是挺欣賞她的態度，畢竟不同的意見可以激發更多不同層面的想法。

「沒有衝突，親愛的。」老師柔聲地說，「當你心裡有個深切、真誠的渴望，整個宇宙都會聯合起來幫助你，這就是你心目中的神。當你祈禱的時候，你的內在會發出一股正面的能量，把你想要的東西吸引過來，這就是神在回應你的禱告，而賜給你真心想要的事物。」

那位同學緊繃的臉孔稍稍放鬆了。

老師繼續說：「**面對每天的生活，都去試著活在當下，臣服於所有『已經發生』的事。已經發生的事就是神，因為如果不是神的旨意，它不會發生，所以我們臣服於它。然後，因為我們相信神的恩典，所以在當下的每個選擇中，我們沒有懼怕，能做出最好的選擇。而且由於我們深信神的恩典深藏其中，最好的事物會因為我們有意識的選擇而發生。**」

若菱真是很佩服老師可以一轉頭就用基督教的語言，把剛才大家提出的「另類」觀點換成基督徒可以接受的說法。在這一轉念之間，不但那位同學，連若菱也心悅誠服地接受了。

這時，老師轉過頭來，看著一直沒有發言的若菱，邀請她分享自己的回家功課。

若菱有點害羞地低頭看著自己寫的東西，然後老老實實地唸出來：「誰讓你感到憤怒、挫折、迷惑？為什麼？誰激怒了你？你不喜歡他們什麼地方？」

若菱停頓了一下，更加不好意思地小聲唸道：「我對志明感到憤怒，因為他很自我中心，從來沒有真正地關心過我……」

「好！」老師要她停下來，然後問：「這是真的嗎？」

「什……什麼？」若菱不解。

「志明很自我中心，從來沒有真正地關心過你？」老師重複若菱的話。

「嗯，是真的。他只管他自己的事，很少關心我。」若菱回答。

「志明很自我中心，這是真的嗎？他時時刻刻都是如此嗎？他的每個朋友、周遭的親人都覺得他是這個樣子嗎？」

「嗯……」若菱沒有把握了，不敢接腔。

「他從來沒有真正地關心過你，」老師又唸道，「這是真的嗎？」

「有偶爾關心一下啦，但是……」

「從來沒有，真正地，」老師加重語氣，「這是真的嗎？」

若菱答道：「嗯，大部分時候是真的。」

同學們都笑了，若菱也忍不住笑了起來。

老師又問：「當你有這樣的想法時，你是什麼樣的人？」

「嗯？」若菱聽不懂。

「當你抱持這樣的想法——『志明很自我中心，從來沒有真正地關心過我』——的時候，你看到他或想到他時，心裡是什麼樣的感覺？」

「嗯，不太舒服……」若菱保守地描述。

「是喜悅、和平，還是緊張、充滿壓力？」老師追問。

「緊張、充滿壓力！」若菱不假思索地答道。

「好，你想想，如果你沒有這樣的想法，那麼在你的腦袋裡，當你看到志明，或是和他相處的時候，你會覺得怎麼樣？」

「好多了，比較平靜。」若菱想像了一下，老實回答。

「好，我不是要求你放掉這個思想，我只是問問你，你有沒有看到任何理由，可以讓你放掉這個念頭，不再背負著它？」

「是的，我知道。」若菱說。

「好，現在請你將這個句子反轉過來，把肯定句改成否定句。」

「嗯？」若菱不確定要怎麼改。

老師幫她起頭：「志明不是……」

「志明不是自我中心，他不是從來沒有真正地關心過我。」若菱機械式地唸出來。

「好，現在請你閉上眼睛，在心裡默唸這句話，看看它的真實性和原來那句比較起來如何。」

若菱閉上眼睛，照著老師的話默唸這個反轉過的句子。她覺得很滑稽，不過後來這一句的真實性好像真的並不亞於原來那一句。

她張開眼睛，有點不好意思地看著老師。

老師並未乘勝追擊，只是繼續要求若菱：「把『志明』改成『我』，『我』改成『志明』，然後將你原來寫的那個句子再唸一遍。」

若菱照著唸了：「我很自我中心，從來沒有真正地關心過志明！」

「這句話的真實性如何？」

若菱閉目沉思，其實是在逃避困窘的場面。她有點心虛，因為她知道她對志明的關心也是從自己的觀點出發的，所以，志明很可能對她也會有同樣的抱怨。

「這份功課真是個陷阱！」若菱覺得自己上鉤了，卻也不得不佩服它的設計之巧妙！原來，我們對別人的指控，真的是有三根指頭是對著自己的！

27 昔日女星的解套智慧

思想的癮頭

每個負面情緒後面，都有一個支持它的思想，因為情緒是身體被我們的思想刺激之後所產生的反應。

這天，若菱又依約來到一家私人俱樂部。報上名字之後，接待人員把若菱請到裡面一個豪華而私密的房間。若菱猜想，一定又是個名人吧！雖然已經有了心理準備，可是看到這位豔光四射的退休女星時，還是嚇了一跳。

這位女星在當紅之際嫁入豪門，很多人都等著看她的好戲。當時大家都不看好這段婚姻，等著她離婚復出，再現光芒。可是這位女星做少奶奶顯然做得稱心如意，都二十多年了，她還是清秀佳人一個，歲月並沒有在她臉上刻劃太多痕跡。她夫家的家世顯赫，可是女星始終深居簡出。

招呼若菱坐定了，女星笑著問：「老人好嗎？又有什麼難題給我？」

「嗯，他要我問候你，他說你是從負面思想的困擾中走出來的人，要我來跟你請教、請教。」若菱小心地回答。

「哈哈，他真會出題。」女星笑了出來，「嗯，讓我想想，怎麼說呢……」

女星收斂了笑容，陷入當年不愉快的回憶裡。「當初嫁入他們家，我真的是下了很大的決心，要洗手做羹湯，做個賢慧的好太太。可是，環境一下子變化得太大，我從一個人人吹捧、光鮮亮麗的環境，到了一個連鮮豔衣服都不敢穿的保守傳統家庭，更別說妯娌、婆媳之間種種複雜的人際關係了。我又是個明星，嫁到他們家，很多長輩本來就很不滿意，所以難免諸多挑剔。外面還有那麼多人等著看我的笑話，我真的是內外夾攻、心力交瘁。」

受到女星一席話的影響，室內的氣氛立刻低沉了下來。喝了口水，她繼續回憶：「當時，我真的覺得萬念俱灰，常常有尋短的念頭，後來碰到了老人，他告訴我：『親愛的，外面沒有別人。』他教我去檢視自己的思想，挑戰自己的信念，這給了我很大的啟示。你知道，我們是完全聽從自己腦袋裡的聲音，從來不去質疑的。」

若菱點頭，表示同意。

「當然，他那個圓圈圈的圖，」女明星嫣然一笑，「幫助我們從身體、情緒、思想等各個層面去清除我們與真我之間的障礙，對我的療癒過程也很重要。

「老人教了我好幾種方法，像拜倫・凱蒂的轉念作業，隨時觀照自己的思想，並檢驗它們的真實性。另外他告訴我，沒有任何事情可以造成心理上的痛苦，痛苦是來自你對事情的解釋。也就是說，**痛苦是你自己創造出來的，是你對事情的解釋造成了痛苦。**」女明星拿了一張紙，在上面寫下：

A（事件）→B（信念、想法）→C（結果）

「你看，A永遠是中立的，因為同樣的A發生在不同的人身上，會出現不同的C。比方說，我婆婆看到我的時候臉色不太好（A），如果我認為她討厭我（B），我會覺得很難過（C）。然而，如果我認為她當時心情不好（B1），我會很中立地（C1）注意自己和她的互動；假如我認為她是因為身體不舒服（B2），我會很心疼地對她特別好一些（C2）。所以，不同的B，造成了不同的C，也影響我和我婆婆之間的關係。」

若菱看著這個簡單的圖，無法想像我們所有的煩惱，居然用一個ＡＢＣ的公式就可以解釋清楚。

「還有一個很好的方法就是，每個負面情緒後面，都有一個支持它的思想，因為情緒是身體被我們的思想刺激之後所產生的反應。比方說，我的一個妯娌幫其他人都買了一些好東西，唯獨沒有給我。我當時很生氣，也很傷心，然而，當我去檢視自己負面情緒後面的思想時，發現我『要求』我的妯娌對待我這個剛嫁入他們家的人，一如她對待其他已經和她相處很久的親戚。我有什麼資格要求她公平地對待我？我的生氣、傷心，對事情有沒有任何幫助？她這樣做是誰的事呢？她的事我有資格干涉嗎？」女明星兩手一攤，「就這樣，原先讓我痛苦不堪的一些事情，在我把自己的思想帶到放大鏡下檢視之後，一個都無法成立。」

若菱想：「真這麼簡單嗎？人真的能在一念之間就超脫思想的束縛？」

女明星善解人意地看著若菱：「當然，**這整個過程並不像我說的那麼簡單，中間要經過很多的努力和漫長的等待。這些道理都懂了，並不代表你就能做到。第一步，就是你要下定決心，不再被自己的思想干擾，然後，你要花很多時間去培養覺察和定靜的功夫。**」

「覺察和定靜？」若菱問。

「是啊，我就是從靜心開始的。最早老人教我靜坐的時候，我連五分鐘都坐不住，腦袋裡有如萬馬奔騰。但隨著我進行了一些身體工作和宗教修持，我逐漸可以靜下心來，好好看著自己。」

若菱問：「那……請問你的身體工作和宗教修持到底是什麼？」

女明星又笑道：「呵呵，每個人都不一樣啦。我是去做瑜伽和禱告，讀《聖經》，跟我的主連結。你可以選擇別的道路，但一定要做一些靈性修持和身體工作，這樣你才能逐漸從自己的人生模式中解套出來。老人能做的，是幫助我們看見，但是當你看見、覺察了之後，必須有足夠的心量去包容、接納。這個功夫他給不了你，你得自己修練。」

最後，她又看看若菱，語重心長地說：「靜心是培養覺察和包容能力最好的方法，一開始五分鐘也可以，慢慢把時間拉長。這是邁向真我的不二法門，最基本的蹲馬步功夫。」

28

我是個婚姻失敗者？

思想的攪擾

傾聽自己腦袋裡的聲音，做一個觀察的臨在。

冬日午後，若菱偷得浮生半日閒地坐在公園的長椅上，好整以暇地欣賞遠處在嬉戲的孩子們。她這才了解老人說的「**讓我們在心理上受苦的，不是事件本身，而是我們對事件的想法，以及圍繞著這個事件所編造的『故事』**」。

就像現在，她優閒地坐在綠色的大地上，享受難得的冬日陽光，周遭的氛圍是祥和的、寧靜的，若菱的心卻不是。她的思想一直在折磨她，停止不了。

「也許是靜心的功夫不到家，我沒有辦法定靜自己的思想。」若菱試著靜心，可是那些擾人的思緒就像洪水般在她腦海中奔騰。老人要她每日靜心，鍛鍊思想定靜的「肌肉」，因為這條肌肉我們從來沒有去訓練過，難怪弱不禁風。

「現在怎麼辦？在定靜肌肉發展成形前，我如何可以不受思想的攪擾，享受當下這一刻呢？」若菱回想眾多老師的教導，決定從「觀察思想」著手。

老人說：「**傾聽自己腦袋裡的聲音，做一個觀察的臨在。聲音在那裡，我在這裡聽著它、注視它。**這份了解就不是思想了，它是對你臨在的一個感覺，於是，一個新的意識向度就升起了。透過這樣的觀察（傾聽內在的思考、對話），你可以感覺到那些思想下面的一個比較深層次的自我，一個有意識的臨在——就是那個永恆的觀察者。」

說實在的，若菱在傾聽自己思想的時候，並無法體會到那個有意識的「臨在」，也就是另一個向度的我（真我）。「可能真的是定靜功夫不到家吧！」若菱想。但是，做一個觀察者去覺察自己的思想時，若菱覺得腦袋比較不像一團毛線或漿糊了，至少她可以清楚「看見」是什麼樣的念頭讓她受苦。

她想的最多的是：「我該怎麼辦？志明不要我了，天要塌下來了，我再也嫁不出去了。我的後半生完了，我再也不會有幸福和快樂了。」

當她看見這些負面思想是以一種背景音樂的姿態在她的意識層面播放時，她可以去檢視它們的真實性。她知道自己一直有概括性的負面思考習慣，就是把很多事情都誇大，變得糟糕至極。而更清楚的是，此刻的她好端端地坐在公園裡，心裡卻在擔憂未來的、未知的、不確定的事，讓她無法享受當下這一刻。

若菱知道，如果把這些負面思想一個個拿到放大鏡下檢視，沒有一個可以成立，自己卻如此受到它們的困擾。想到這裡，若菱不由得苦笑了起來。

而困擾若菱最多的思想，就是對志明的怨恨。「他怎麼可以這樣欺騙我？他怎麼可以變心？他怎麼可以瞞著我跟別的女人來往？他當我是什麼？傻子嗎？在他的眼中，我就這麼沒有價值？」

若菱知道這些負面想法源於她自己的「無價值感」，老是覺得自己不夠好。當然，在理智的層面，若菱已經被老人說服了——「自己的價值是自己給的，不能把這個權力拱手讓人。」況且，志明的欺騙、外遇行為，已經是鐵一般的事實，除了臣服，別無他法。

若菱開始自問自答：「他怎麼可以？」

「他就可以！」

「為什麼？」

「因為他已經做了。做了就是事實，而事實最大。況且，他怎麼做是他的事，你接不接受是你的事。」

也就是說，在情緒上，若菱要試著臣服於這件事，但若菱能不能接受、願不願意繼續待在這樣的婚姻裡，或是要挽回，她有絕對的自由來決定，無須受不必要的負面情緒干擾。**很多時候，我們以為情緒上的抗拒和反對，可以改變我們不想要的事實，但現在若菱清楚地看見，自己的抗拒就像是拿腦袋去撞牆，真的是「徒勞無功」，而且對事情的後續發展一點幫助都沒有。**

另外一個困擾若菱的思想是：「別人會怎麼看我？我是個婚姻的失敗者！生命的失敗者！」

若菱當然知道她可以自我安慰說：「婚姻失敗不等於什麼都失敗，而且別人怎麼看你是人家的事，你根本管不了！」

可是，若菱覺得真正能夠讓她比較釋懷的正面思想還是：「**我不是我的婚姻，我的真我不會因為別人的眼光、我婚姻的狀態而有所改變。**」想到老人的諄諄教誨和再三保證，若菱覺得自己有了和真我更加接近的感覺。

整理過自己的種種念頭之後，若菱真的覺得好多了。她開始默唸破解人生模式的「咒語」：「我看見並接納我有被背叛和被欺騙的痛苦感受，進而放下對它的需要。」

默唸幾次以後，若菱覺得心裡的重擔正逐漸減輕。於是她又問自己：「你能不能歡迎這種被羞辱、小我被貶低的感受？」

若菱第一個反應就是：「不能！我不願意！」

於是她又問：「那你可不可以允許它存在？」若菱的心在掙扎，試著好好感受那份椎心的痛苦，而不去抗拒或逃避。然後，她想到了臣服，於是她在心裡默默回答：「我可以允許它存在。」

若菱突然覺得海闊天空、神清氣爽。

「其實沒什麼大不了嘛！不就是一種情緒，來了就會走，不必躲避、藏匿或壓抑，只要去『允許』就可以了。」她覺得內在有一股力量油然升起。

想著想著，若菱張開了眼睛，眼角突然瞄到一個熟悉的背影——李建新！不過他並沒有看到若菱。他身邊有個嬌小的長髮女子，打扮得十分青春，李建新不知道跟她說了什麼，女孩笑開了，把頭靠在他的肩膀上，李建新趁勢摟住女孩。

霎時，若菱覺得有一種熟悉又奇異的感受，仔細一體會，就是那個被背叛、被欺騙的感覺。回過神來，若菱覺得自己有些好笑。她跟李建新連男女朋友都談不上，怎麼可能會有「被背叛、被欺騙」的感受？

不過，李建新常常打電話給她，兩人有時也會碰面，像好朋友一樣。而最後一次分手的時候，李建新看著若菱的眼睛，含蓄地說：「如果再給我一次機會，我一定不會放過你！」若菱一聽羞紅了臉，急忙離去。就因為這樣，讓李建新另擇所愛了嗎？

那股奇異的感覺被攪動了以後，一直不散去，若菱決定好好面對它。

她坐在長椅上，閉上眼睛，感受胸口那股沉重、抽痛的感覺，不去逃避，不去壓抑，就只是不帶任何預設立場或成見地去「允許」它存在。漸漸地，若菱開始能夠以愛與理解去接納這個情緒了。

過了好一會兒，她覺得胸口有一種能量釋放的感覺，好像有什麼東西正悄悄地抽離。慢慢地，她感覺舒服多了，於是張開眼睛。

天空還是那麼藍，陽光還是那麼燦爛，若菱的心情卻和剛來公園時截然不同了！

29 什麼讓我感到喜悅？

認同的解離

愈是向外抓取，我們就離自己的中心，也就是「真我」愈遠。

此刻坐在小屋裡的若菱是定靜而安寧的。老人關心地看著她，輕聲問：「你還好嗎？」

若菱抬頭，幽幽地說：「我是已經可以接受志明有外遇、要跟我離婚的事實了……」

「是嗎？」老人看著若菱，驚訝於她的成長與改變。「你是怎麼做到的？」

「就像你說的啊，」若菱無奈地回答，「事實擺在那裡，我看見自己所有的抗拒都是徒勞無功的。但是……」若菱遲疑了。老人安靜地等待她繼續傾吐。

「我還是很悲傷，心情低落，」若菱難過地說，「這些情緒好像已經變成我生活的基調了。我擔心自己是不是會一直如此，一輩子就這樣鬱鬱寡歡以終。」

老人沉默了一段時間，然後開口：「你已經做到了第一個層次的臣服，就是接受事實，現在要做的是第二個層次的臣服了——臣服於你因事件而衍生的情緒，不要與它抗爭。」

老人溫柔地看看若菱，「很多時候，當我們感覺很不好時——就像你現在的悲傷、心情低落——會一直想要從這個泥沼中掙扎逃脫出來。所以，我們藉由很多逃避策略，不去面對它，而是壓抑、否定、排斥它。你要記住：『**凡是你抗拒的，都會持續。**』因為當你抗拒某件事情或某個情緒時，你會聚焦在那個情緒或事件上，這樣一來，就賦予它更多能量，它就變得更強大了。」

若菱明白地點點頭，「所以這些情緒就是一種能量，像你以前說的，它們會來，就一定會走，我們就任由它們來來去去，不加以干涉。」

「是的。」老人滿意地點點頭，「**這些負面情緒就像黑暗一樣，你是趕不走它們的。你唯一可以做的，就是把光帶進來。光一出現，黑暗就消融了，這是千古不變的定律。**」

若菱似乎看到了一線曙光，興奮地問老人：「那要怎麼把光帶進來呢？」

老人對於若菱的力求上進很是欣慰，開心地說：「**首先，你的自我覺察就會帶來覺知之光。其次，喜悅是消融負面情緒最好的光。**有什麼事情是你很愛做，而且可以帶給你喜悅的？」

若菱想了想，自從結婚、工作之後，她一直沒有培養自己的興趣、喜好，生活中的喜悅不過就是拿到考績獎金、志明帶她去看場好電影或吃頓美食、老朋友聚聚……

「你記得我們說過的喜悅和快樂的差別嗎？」老人問。

「嗯，快樂是需要外在條件的，而且它的範圍比較小，也有邊際效益遞減[19]的問題。喜悅則是發自內心，然後可以大範圍地滲透到你的全身，而且不會遞減……」若菱回答。

她隨即明白了，自己的生活中真的缺乏喜悅。思索了很久，若菱想到她從小喜歡跳舞，可是一直沒有機會展現這方面的才華。另外，她由衷地喜愛孩子，也許她可以花一些時間到孤兒院去陪孩子們玩耍。還有，在大自然的懷抱裡，總讓她覺得自由、開闊！

「很好，」老人看著若菱想得陶然欲醉，「你可以安排一趟散心之旅，到大自然的懷抱裡享受它那最接近我們的真我的振動頻率。另外，也許可以去學學跳舞。」

「學跳舞？」若菱很驚訝。

「為什麼不呢？」老人笑著說，「舞蹈是最能展現你自己的一種藝術，在舞動四肢的同時，你不但與身體連結，還能釋放累積的壓力、情緒，進而用舞姿和蘊涵其中的力量來表達你自己。」

光是聽著，若菱都覺得充滿喜悅了。

另外，老人提醒：「定靜的功夫是對治紛亂的思想和負面情緒最有效的工具，因為它可以幫助你建立覺知，提升你對事物及自我的覺察能

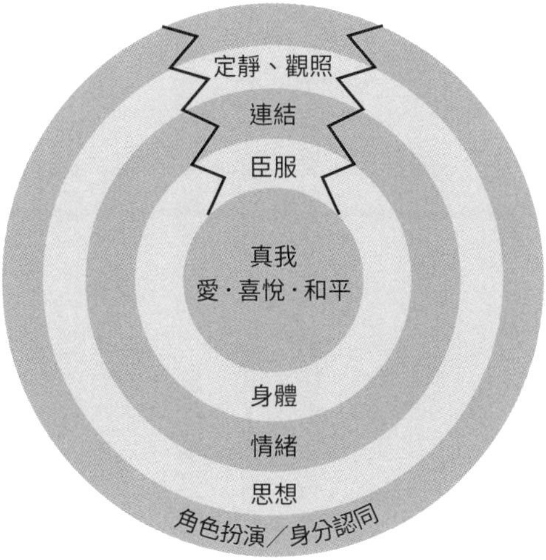

19.所謂的邊際效益遞減原理就是，吃第一支冰淇淋的時候覺得很好吃，第二支也不錯，吃到第三支就有點……嗯，第四支……第五支呢？

力。而且在靜心時，我們的身體如如不動，情緒和思想都在嚴密的監控之下，你和你的真我可以短暫地相聚。雖然短暫，你也已經接近生命的源頭了；也許無法暢飲，但你多少可以沾染到那濕潤的水氣。定靜的功夫不是一朝一夕可以建立起來的，不過在過程中，你會愈來愈感受到來自真我的那些特質：愛、喜悅、和平。」

「就像鍛鍊肌肉一樣，一朝一夕不會看見成果，但你可以感受到自己日漸強壯。」若菱做了一個很好的比喻。

「是啊！」老人開心地笑了，「然後，**你會在生活的點點滴滴中，逐漸看到讓你喜悅的事物，它們是無所不在的。一朵迎風招展的小花，嬰兒的一個微笑，一片在陽光下閃閃發亮的樹葉，朋友隨口的一句讚美，這些都是無聲的問候、喜悅的祝福。**」

若菱不語，沉浸在這種喜悅的氣氛中。

停了一會兒，老人說：「現在我們要來到同心圓的最後一個層次了。」

他先在地上的同心圓裡屬於「思想」的那一圈加上「定靜」、「觀照」兩個詞，然後告訴若菱，最後一圈其實就是前面三圈累積出來的。

「**我們和真我距離愈來愈遠時，會失去自我感，因此，我們必須抓一些東西來汲取自我感，小我於焉產生。它不停地向外抓取，只為了加強自己的真實性，好繼續苟**

延殘喘地存活下來。」

若菱其實已經領教過小我的伎倆，尤其是在職場上，根本就是一個小我與小我廝殺的戰場。

「大部分的自我身分認同是開始於青少年期，那個時候，髮型、朋友、跟不跟得上流行，是你自我認同的標竿。對現在的孩子來說，可能還得加上手機、名牌吧。拿了最新款的手機，自我感覺就不同；穿上名牌服飾，背也挺得比較直。」老人搖搖頭，「學校教育和家庭教育都沒有告訴孩子他們真正是誰，也沒有教他們如何從內在汲取自己的力量，而不是靠外在的認同和肯定。」

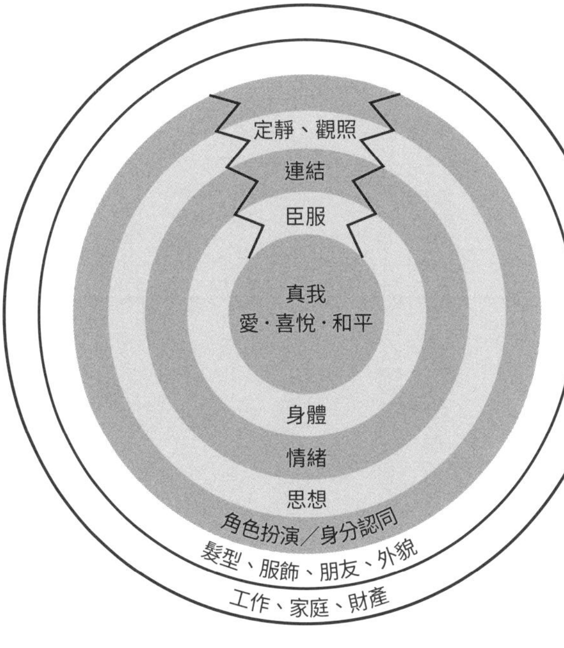

若菱想起一件小事。有一次，她和志明到長江三峽去旅遊，待在船上極其無聊，便和另外一對年輕夫妻聊起天來。

若菱好奇地問：「你們是哪裡人？」

那位先生卻回答：「我在上海、香港都有房子。」

當時只覺得這個人有點奇怪，現在看來，這也不過是小我的自我認同，認同他的房產是一種身分的表徵。這時，若菱忍不住說：「然後等到出了校門，自我的認同就變成了你的工作、你開的車、你住的房子、你的配偶、你的孩子等。」

老人同意若菱的說法，接著在最外圈之外又加上幾個圓圈，上面寫著各種我們認同為自己的身分的事物。

「你看，」老人指著外面的圓圈說，「愈是向外抓取，我們就離自己的中心，也就是『真我』愈遠。這就回答了你最早的時候問過的問題：為什麼人人都在追求幸福快樂，但真正幸福快樂的人卻這麼少？」

老人進一步說：「小我不但向外抓取，還進而與自己的思想、情緒及身體認同。」

看到若菱又是一臉茫然，老人笑著說：「例如，**有些人覺得受害者是他們的一種**

身分認同，此生如果不控訴那些『迫害』他們的人，他們就不知道自己是誰了。」

若菱似有所悟，接著說：「然後，小我也和思想認同，完全相信我們所思所想都是真的。」

「對！」老人讚賞道，「有些人的小我甚至跟他們的遭遇或疾病認同，像你的同學露露認同於『被棄孤女』的角色，有些人認同於癌症患者的角色，這些角色加強他們的自我感，獲取一些關注，然後他們才能確認自己的存在。」

老人看看若菱，接著在「身分認同」這一圈加上「覺察」兩個字。他指示若菱：「你回去好好體會這個破解身分認同的秘訣吧！」

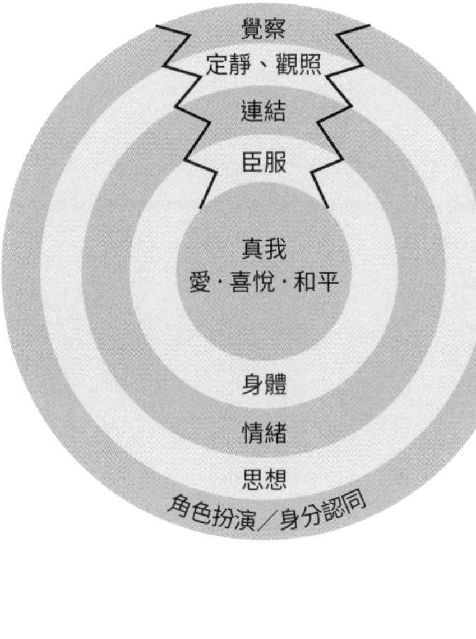

30

老婆不是秀給別人看的身分認同的探索

如果你可以徹底了解到，你認同的那些事物其實不是你，也不屬於你，你就有可能從這個向外追逐的惡夢中醒來。

若菱迫不及待想看看老人給她的探訪名單上最後一位貴客是誰，應該也非等閒之輩。她依址來到臺北市最高級的一個住宅區，經過重重檢查和通報，最後管家引領若菱進入了豪華的會客廳。若菱舉頭一望，四周盡是名家畫作，價值不菲。

主人一出現，若菱倒抽了一口氣，原來是他！臺灣高科技產業赫赫有名的人物，怎麼他也和老人交過手？主人優雅地歡迎若菱，坐下來的時候，特別問若菱是否介意他抽雪茄。若菱連忙說不介意，感受到主人的謙和與真誠。

「老人好嗎？」好像每個人一見面都會問這句話。

若菱依舊禮貌性地回答：「嗯，他很好。」

「嗯，」主人抽著雪茄，「你現在的進度到哪裡了？」

「在身分認同這一圈了。」若菱回答，感覺他們好像隸屬什麼黑幫似的，打招呼的語言別人可是一點都聽不懂啊！

「哈哈，他每次都留這個最後的難題給我。」主人開懷地笑著。若菱實在很難想像，以這個人的身分、地位，財富、權勢，他會有身分認同的問題？

收斂了笑容，主人緩緩道來。

「那一年，我的夫人過世了，事業則面臨了前所未有的危機，就在這時候，屋漏偏逢連夜雨，我的健康也亮起了紅燈。我一直是個非常樂觀、堅強的人，但是一連串的打擊實在太大了，我開始懷疑起人生的目的，還有自己的價值。」

主人吐了一口煙，繼續說他的故事：「我覺得自己像個被打敗、一無是處的武士。就在這時候，老人出現了，他讓我看見，我的事業、家庭、成就都不是真正的我，而我卻如此地認同它們，認為我『擁有』這些事物，但是老天爺可以在一瞬間就把它們席捲一空。」

他搖搖頭，繼續說道：「我們的小我不擇手段地去認同各式各樣的事物，好延續自身的存活。就舉一個最簡單的例子：有些小孩會為了一張紙打成一團，就是因為他們自我認同了這張紙是他們的，別人拿走了這張紙，就是對他們自我的一種打擊。」

「不只小孩呢！」若菱也勇敢表達自己的看法，「很多發生在美國高速公路上的槍擊命案，就是因為開車的人『認同』他們前面的道路是『他們的』，所以別人超他的車，就是不給他面子。」

「哈哈，這個說得好！」主人由衷地讚美，讓若菱有點不好意思。

「自從深刻地了解這一點之後，我開始用不同的心態面對自己的人生。我的所作所為不再是為了餵養我的小我，而是真的從一個更高、更遠的角度來衡量自己究竟想要什麼。如此一來，我的事業有了轉機，健康逐漸好轉，也找到了一個理想的人生伴侶。」

主人這時露出了曖昧的笑容，「很多人覺得奇怪，為什麼我不再娶一個年輕漂亮的太太。對我而言，老婆是要跟我一起過生活，不是要秀給別人看的，所以心靈相通最重要。比我年輕幾十歲的女孩子哪能懂得我的喜好、心意和心態呢？娶年輕女孩的人，通常都是希望在女孩身上滿足一些小我的需求，這也是一種無謂的身分認同。」

這時，若菱大膽提出一個問題：「那你和屬下的相處上有沒有什麼改變呢？」

主人一笑，覺得若菱這個問題問得相當好。「當然有啦。那些光是會逢迎拍馬、沒有真正能力的人，現在無法在我的公司生存啦，因為我不需要他們來餵養我的小我，讓我自我感覺良好。每當我的屬下在為面子、為小我爭辯時，我都會清楚指出他們的盲點，很快就把問題處理好了。」

若菱可以想像，跟這樣一位有覺知的老闆工作，其實可能比跟那些需要人奉承的老闆更難，因為常常會被老闆識破自己小我的詭計，而且經常要反躬自省，真是不容易呢！

「那麼，如果要突破種種的身分認同，我們必須建立覺察的能力？」若菱拋磚引玉，希望多聽聽主人精闢的看法。

「沒錯！**覺知是破除身分認同的第一步。要放下身分認同是很難的，『看見』是第一步——你必須先看見自己認同於某樣事物。也許你沒辦法立刻放下，但如果你可以徹底了解到，你認同的那些事物其實不是你，也不屬於你，你就有可能從這個向外追逐的惡夢中醒來。**」

主人最後看著她，語重心長地說：「這個過程很漫長，也很難，你要有充分的決心和毅力。」

若菱心裡覺得非常充實，告別了主人，離開了他的豪宅。

正要上車的時候，手機響了，是李建新。

若菱猶豫著要不要接，手機響了好幾聲，又歸於寧靜。她其實已經放下對李建新的批判和情緒了，只是一時不知道怎麼面對他。正在出神的時候，手機又響了，若菱決定面對難題。

「若菱？最近好嗎？我找了你好幾次都沒找到。」

「哦，最近有點忙。」若菱沒多說什麼。她是很忙，忙著處理志明有外遇要離婚的事，夠忙了吧？

「哦，我還以為你怎麼了呢！我最近也很忙，我女兒從美國來看我……」李建新在電話那一頭解釋著。

若菱心念一動，「你女兒？她多大啦？」

「很大了，都十四歲了，我當兵的時候，她媽媽就懷上她了……現在出去，人家都以為她是我的小女朋友呢！」李建新有點尷尬地告訴若菱。

若菱霎時百感交集，又是她的胜肽在作怪吧？會把李建新的女兒想成、看成他的女朋友，就是要若菱去「享受」被背叛、被欺騙的感覺。還好這次若菱沒有上當……

「喂、喂！你還在嗎？」聽不到若菱回話，李建新在電話那頭有點急了。

「哦，我還在，剛才收訊不太好。有空出來吃飯吧！」若菱這回大方地邀請他了。

「好！我女兒後天回美國，我再打電話給你哦！」

「Ok, bye!」若菱自然、開心、舒服地收了線。不僅因為澄清了誤會，更因為戰勝了自己的胜肽而感到驕傲！

31

戰勝了胜肽
心想事成的秘密

「真心想要」的意思是，不僅在思想層面而已，你必須打心眼裡渴望這樣東西，每次想的時候，都會進入渾然忘我的境界。

若菱開心地坐在小屋裡，口沫橫飛地描述和科技界大老見面的經過，以及自己戰勝胜肽的英勇事蹟。老人很有興趣地聽著，給予若菱無聲的支持與讚許。

最後，老人說：「我們該談談心想事成了！」[20]

自從知道志明的事之後，若菱的情緒從來沒有這麼high過。今天真是黃道吉日！她雀躍地想著。

老人清清喉嚨，準備給若菱上課。

「很多人談心想事成，都是強調什麼潛意識的積極力量，要不停地用正面思考來創造、顯化你想要的事物。」

若菱忍不住打斷他：「我以前就試過了，沒有用！」

老人不介意急性子的若菱插話，反而問她：「那你知道為什麼嗎？」

若菱想了想，答道：「哦，就是那個馬車圖嘛！那匹可憐的馬再怎麼下定決心也是沒有用的，因為馬車夫坐在後面掌控呢！嗯，不對……」若菱又修正，「馬車夫還是得聽主人的，如果主人要去基隆，馬車夫可不敢往南走。」

「很好！」老人對自己的得意門生很滿意，「所以，如果一個女人想嫁個如意郎君，表面上她很認真地在找，潛意識裡卻相信自己不配得到一段好姻緣，而她的真我則是定好了她此生要學習的功課——在情感上學習獨立自主。那你想，她再怎麼努力有什麼用？然而，如果她可以學好這項功課，那麼她真心想要的事物就會自然而然地流向她，擋都擋不住。」

「你的意思是不是說，有個人很想努力賺錢，以獲得成功，但他的潛意識有可能覺得自己始終是個失敗者，而他的真我就是要他學習從失敗中找到自己真正的價值。

20.關於心想事成，可以參考我的另一本著作《遇見心想事成的自己》。

如此一來，他光是努力奮鬥賺錢是沒有用的，他必須了解自己的人生模式、學會自己的功課之後，才能獲得真正的成功？」

老人很欣慰若菱能夠立刻舉一反三，「所以，**心想事成的第一個定律就是，你所嚮往的事物必須是命中注定該是你的，或是與你的更高目的一致、有利於人類社會的。要不然就是你能深入潛意識和真我的層面，破除人生模式，學好自己該學的功課，破解你的命運，否則心想事成只是紙上談兵罷了！**」

「所以這些都是內在的旅程，跟外在環境無關。」若菱感慨地說。

「是啊，你已經學會如何破解身體的障礙、化解情緒的癮頭、檢視思想的謬誤，以及放掉無謂的身分認同，具備這些基礎之後，心想事成就不是難事了！」

「這些都是一生的功課，很難呢！」若菱抱怨。

「還是有些訣竅啦！」老人故意賣關子，「記得嗎？我們可以透過連結、臣服、定靜、覺察等功夫，在那些圓圈之中破解出一條通道，與我們的真我相通。此外，你記得吸引力法則嗎？」

「嗯，所有事物都是能量的振動，兩個振動頻率相同的事物會互相吸引。」

「很好。」老人很滿意，「所以，當你真心想要一樣東西時，你身上散發出來的就是會吸引那樣東西的振動頻率，然後全宇宙就會聯合起來幫助你，讓你得到自己想要的事物。」

「那麼，何謂『真心想要』？」若菱問。

「問得真好！」老人由衷地讚美。「**『真心想要』的意思是，不僅在思想層面而已，你必須打心眼裡渴望這樣東西，每次想的時候，都會進入渾然忘我的境界。**最有威力的是，讓自己隨時隨地都處在你已經得到了你想要的東西之後的感受。而且，觀想是最重要的，你可以每天都在腦海裡演練你已經擁有你想要的東西的畫面，細節愈清楚愈好。要像這樣去觀想並經歷那種感受，讓你的每個細胞都充滿信心地召喚它想要的事物……」

若菱聽得入迷了。突然，她想起那部她看不太懂的電影裡面提到，科學實驗證明，我們的大腦分不清楚此刻它體會到的，是我們當時實際經驗到的東西，還是我們想像出來或記憶中的事物。這一點不知和心想事成的觀想有沒有關係？

正想開口問，老人說了：「**宇宙並不知道你正在散發的振動頻率，是因為你觀察到或實際經歷的事物，或是你記得或想像出來的東西。它只是接收到你發出的振動頻率，然後用和它相配的事物做出回應。**」

老人又神秘地壓低聲音說：「最大的秘密就是，我們用觀想和自己的感受所發出的振動頻率是最強的。」

真奇妙！我們就是這樣創造了自己的實相。

「當然，」老人補充道，「外在的努力還是很重要的。雖然這是一個內在的旅程和工作，但我們不能整天在家做白日夢、遊手好閒，期待自己想要的東西會從天而降。老天爺還是很公平的，你的努力不一定有收穫，但假如你想要有收穫，非得付出努力不可。」

老人眨眨眼，又露出促狹的笑容說道：「不過，知道了心想事成的秘密後，你採取行動的過程應該是毫不費力又充滿喜悅的，這樣不但效果更好，你也樂得輕鬆。」

「可是，我們也常常看到很多人不太修練內在，連心地善良都談不上，卻能呼風喚雨，要什麼有什麼。這是公平的嗎？」若菱發出不平之鳴。

「這要看你從哪個角度來看。如果你相信輪迴，那麼他們就是前世做了很多好事。如果你相信宿命，那麼他們就是生對了時辰，適逢其會。如果你相信地球是個大教室，那麼，每個人的功課不一樣，他們選修的學分也就跟你的不同囉！重要的是，要……」

「管好自己的事，別理他人的事。」若菱頑皮地接腔。

「沒錯、沒錯！」老人摸著鬍子，笑得很開心。「除此之外，心想事成還有一個賴皮的方法。」他又頑皮地笑著說。

「賴皮？怎麼個賴皮法？」若菱不解。

「你知道為什麼我們常常強調感恩的重要性嗎？」

「嗯……知恩圖報，就會有更多好事發生啊！」

「對啦，真聰明！」老人高興地贊同，「感恩的時候，就是在能量的層面跟宇宙說：『多來一點，多來一點！』同樣地，在你想要的事物還沒成真時，就去感恩、感謝，宇宙就不得不給你啦！」

「哈哈！」若菱忍不住大笑起來。這個方法真的有點賴皮呢！

「最後，」老人正色道，「很重要的是，你想要的東西愈真實、愈清楚，愈好。你要把自己想要的東西定義清楚，這樣宇宙才能知道你究竟想要什麼。還有，」老人提醒，「要言行一致，不要說的、想的是一回事，做出來又是另外一回事。」

32

未實現前就先感恩
最後的試煉

讓你情緒起伏不定、讓你受苦的，不是事件本身，而是你對事件的態度、看法，以及你圍繞著這件事、自己編造的種種「故事」。

若菱今天朝氣蓬勃地來到辦公室。自從志明的事件之後，她從來沒有這麼神清氣爽過。

可是進了辦公室，她又覺得氣氛不太對。若菱平時和同事的往來不多，在上回玉梅搶占考績冠軍的事件過後，連唯一的辦公室友誼也告中斷。所以，公司裡的八卦、流言、小道消息，她從來不知道，卻也樂得清靜。

可能是最近若菱對能量愈來愈敏感，所以此刻辦公室裡那種風聲鶴唳的感覺，讓她很不舒服。幸好，答案很快就揭曉了——在接下來的例行週會上，老總發布了公司又要重組的消息。對這家大公司來說，重組已經不是新鮮事了，但這次的重組跟若菱關係比較大，因為是整個行銷部門重組、精簡人事。

老總說了一堆冠冕堂皇的話，若菱只擔心自己會受到什麼樣的影響。偷眼瞧瞧坐在遠處的玉梅，她倒是氣定神閒地坐在業務老總旁邊。

若菱不小心掉了筆，悄悄地彎下腰在地上找，眼角餘光看見玉梅和業務老總的腳居然纏在一起。若菱霎時氣血直衝腦門，差點暈了過去。原來如此！怪不得在考績事件上，業務老總會力挺玉梅。看來，這次改組要走路的，也不可能是她了！

會後，行銷總經理——若菱的老闆王力——將她叫進辦公室。若菱早有心理準備，做好了最壞的打算。

「坐下吧！」老總招呼她坐在對面的椅子上，然後清了清喉嚨，「你知道，你是我們行銷部門最優秀的經理，但是這次公司改組，在各方面的考量都不太一樣，嗯……你可能要在兩個月之內，在公司內部找到另外一份工作，否則，嗯……」王力自己都有點講不下去了，只能對她說：「很抱歉！」

若菱麻木地點點頭。她了解老闆的為難之處，多說無益。「請問你知道哪個部門現在可能有空缺？」

「嗯，我也不清楚，不過我可以安排你去跟人事部的主管談一談。」

「好的，謝謝！」若菱知道大勢已去，無可挽回，站起來走出老闆的辦公室，結果腳一軟，差點跌一跤。

當天剩下的上班時間，若菱一直在與自己的情緒和思想交戰。

她知道她要做的第一件事就是臣服——臣服於變化的無常、公司人事的不公，以及玉梅利用美色留住自己的職位。

但是另一方面，她的腦袋卻忍不住編造許多故事：「我一回國就進了這家公司，一直努力打拚到現在，都快十年了，沒有功勞也有苦勞，為什麼一次公司組織改編就讓我淪落到要走路的地步？我還有前途嗎？我還有臉見人嗎？為什麼命運對我如此不公平？」

這些故事和念頭讓她愈想愈傷心，這時，她覺得自己的下丘腦一直在分泌「我沒有價值」、「我不受尊重」這類胜肽。此外，她也開始懷疑，自己碰到老人到底是幸還是不幸？首先是婚姻出問題，現在連工作也不保，真是愈想愈倒楣！

若菱簡直如坐針氈，好不容易熬到下班，抓了包包就往外衝，直接開車殺到老人的小屋去。

一路上，隨著小屋愈來愈近，若菱的思緒也緩和了下來。

首先，她清楚地看到，發生的事件本身是中立的。因為，如果她今天是一個正要辭職、想成為全職主婦的人，這會是個天大的好消息。畢竟，這樣大的外商公司資遣資深員工，是要付出很大的代價的，若菱幾乎可以拿到一年的薪水。

所以，**讓若菱情緒起伏不定、讓她受苦的，不是這件事情本身，而是她對事情的態度、看法，以及她圍繞著這件事、自己編造的種種「故事」**。

然後，若菱看見自己在情緒上對這件事情的抗拒是徒勞無功的。公司已經做了這樣的決定，玉梅與當權派的床笫關係是她絕對打不過的。所以，掙扎、痛苦、反抗全然無效，只是浪費自己的時間和能量而已。

本來她以為自己看到老人會失控，歇斯底里地抱怨、哭訴，但在清楚地看見這一切之後，若菱的感覺好多了。當老人開門讓她進屋時，她已經恢復正常，只是無奈地蜷縮在椅子上，活脫脫一條可憐蟲。

老人早已泡好了茶等著她。

憐惜地看著若菱，老人開口問：「你此刻的感覺如何？」

若菱思索、感應著自己此刻的感受，簡短地答道：「悲傷、震驚、恐懼。」

「很好。告訴我，它們在你身體的哪個部位？」

「在心口中央。」

「好，試著去感受它們，百分之百地感受，不要壓抑，深呼吸，把你的呼吸帶到那裡去。」

若菱試著去體驗那份委屈、不平、自我價值感低落、小我萎縮的感受，以及對未來的無名恐懼，然後把呼吸帶到心口的位置。

「維持一個觀察者的意識，看著你的這些負面情緒，不要批判，帶著愛的覺知在你的心口處迎接它們。」老人提醒，「深呼吸！」

老人又指示：「**特別去感受那個小我被貶低、縮減的感覺，只要你允許小我縮編，你的內在空間就會因此擴大。記得，去允許，然後放下！**」

若菱閉著眼睛深深地呼吸，感受自己內在發生的種種狀況，維持一個愛的覺察的感受，看著這些負面情緒在心口聚集、擴大、增強、停留、縮小、減弱，最終消散。

彷彿過了一個世紀那麼長的時間，若菱張開眼睛，滿懷感激地看著老人。

老人突如其來地問：「心想事成的秘密是什麼？」

若菱苦笑。她還沒開始練習心想事成的訣竅就已經丟了工作，哪裡還敢想啊？老人不放過她，深邃而充滿智慧的眼睛靜靜地注視著她。

若菱只好遲疑地背誦：「嗯，要先解除自己的人生模式，學會自己的功課，然後全心全意地用觀想的方法，去散發『事已成真』之後那種愉悅感受的振動頻率。」若菱這時頑皮地一笑，「另外還要賴皮地**在願望未實現之前就先感恩**。嗯，還有，自己想要的東西必須很清楚、很具體，而且要為它付出一定的努力，同時言行一致。」

「很好，」老人嘉許道，「現在你來做吧！」

若菱一愣，「什麼？做什麼？」

「你不是對於自己丟了工作很傷心、很震驚嗎？那麼，你到底想要什麼樣的工作，現在就來心想事成吧！」

「我……」若菱倒是從來沒有想過自己要什麼。在遇見老人之前，她所有的焦點都放在她「不要」什麼上面，抱怨這個、抗拒那個，很少想過自己真心想「要」的是什麼。

她思索了半晌，緩緩地說：「嗯，我想要幫助別人。」

「幫助別人的工作？」老人搖頭，「太籠統了！去售票處賣票是幫助別人，去孤兒院打工也是啊。我跟你說過，要具體，愈清楚愈好！」

「嗯，」若菱閉目沉思，「我想要一份能夠發揮我所學的專長和經驗的工作，讓我可以充分利用自己的優勢去幫助別人……嗯，幫助別人成長，就像你對我做的一樣。」

「好！記得，回去之後還有很多工作要做。觀想你已經得到你想要的事物的最佳時刻，是早上將醒未醒之際、晚上將睡未睡之時，因為那個時候你與自己的潛意識最接近。」

離去時，老人破例給了若菱一個大大的擁抱，並且看著若菱的眼睛提醒她：「或許，你也應該思考一下，你到底想要什麼樣的伴侶、什麼樣的婚姻。」

老人的話觸動了若菱的心弦，眼眶一轉，淚水就要滴下來了。老人的能量慈祥溫和，若菱離開小屋好久之後，都還能感受到身體和心裡那股溫暖的振動。

33

開始，就是未來

迎風飛揚

「力量是掌握在自己手裡！」若菱突然覺察到，自己的內在力量已經逐漸成長、茁壯。

這幾天，若菱一直在回想老人的話。她真的從沒思考過自己到底想要什麼樣的伴侶、什麼樣的婚姻。表面上看來，若菱好像逆來順受地面對自己的婚姻，和志明在一起十幾年從未有貳心，但這並不表示若菱對這樁婚姻很滿意。

工作也是一樣。表面上，她在這家公司一待就是十年，一直都在行銷部門，從小職員幹到經理，但藏在穩定、平靜下面的，卻是一顆不滿、躁動的心。

「我們從來不知道我們可以改變自己的命運！」若菱感慨地想。

一直以來，我們所做的，就是和現實抗爭、對現實不滿、想要改變他人或環

境，卻都徒勞無功，甚至適得其反。我們不知道，一切的問題都出在自己身上，只要改變自己、改變自己的心境，所有的外境，包括人、事、物都會境由心轉地隨之改變。

「力量是掌握在自己手裡！」若菱突然覺察到，自己的內在力量已經逐漸成長、茁壯。

這天早上若菱準備上班時，看見志明坐在客廳裡。他見到若菱欲言又止，若菱大方地問：「有什麼事嗎？」

其實，她心裡緊張得要命，很怕志明終於攤牌說：「我們去辦手續吧！」她真的還沒有準備好。

志明支吾半天，好不容易擠出一句話：「我和她分手了！」

若菱一聽，心中不知是驚是喜，剎那間，腦子就是不管用地停在那裡。

「她曉得你知道了……」志明說話都結巴了，「天天逼我正式辦手續，跟你離婚，吵吵鬧鬧的……而你，卻從頭到尾沒罵過我一句，不吵不鬧。」

志明低下頭來，眼眶都紅了，「若菱，我們在一起那麼久，還是有感情的。我真的覺得太對不起你了！」

這時，若菱滿腔的委屈傾巢而出，眼淚止不住地就要往下流，但想起今天和人事部老總有個重要的會議，可不能把剛剛精心化好的妝給弄糊了。

「我們再試試看吧！若菱……」志明充滿感情地說，「我們可以加強彼此之間的溝通，去接受婚姻諮商都行。我相信我們可以恢復當初戀愛時的甜蜜……」

若菱倒是很驚訝志明的轉變。

當初兩人漸行漸遠時，若菱就曾經強烈建議要去找婚姻問題專家，但志明覺得太沒有面子了，嚴詞拒絕。

若菱看看手錶。不行，來不及了，再晚就要錯過和人事部老總的會議了。若菱看著志明，溫柔地說：「嗯，給我一點時間，我好好想一想。現在我得趕去上班了，有一場重要的會議……」

來不及看志明臉上的表情，若菱就衝出家門。這個動作若菱常常做，但沒有一次像此刻這樣帶著和平、喜悅。動作還是很快，心裡的節奏卻是一首喜悅之歌。

坐在人事部老總張學讓的辦公室裡，若菱氣定神閒地看著對方。

張總看看若菱的履歷，開口說：「你的老闆王力大力推薦你，說要不是人事改組，絕對不會放你走。」若菱謙虛地低頭微笑。

他銳利的眼光審視了一下若菱，繼續說：「目前公司沒有什麼特別適合你原來專長的缺……」

若菱心一沉，只聽他接著說道：「但是，我們部門倒是有個職位一直找不到適合的人選。」若菱聚精會神地傾聽，「我們需要一個專職的管理發展培訓經理，不知道你有沒有興趣？」

若菱一聽，培訓？她從來沒有這方面的經驗，覺得有點惶恐和失望。但轉念一想，培訓人才，不就是幫助他人成長嗎？她還可以把老人的教導傳播出去呢！

張總又補充說：「我們一直想要從公司內部招聘，因為希望這個人對公司有比較深入的了解。你在公司這麼多年了，應該沒有問題，而且我也相信你的能力，就看你自己有沒有興趣和信心。」

若菱信心滿滿地說：「我有興趣，而且，我相信我可以做得很好。」

「嗯，」張總似乎很滿意若菱的回答，「這個職位的階級比你原來行銷經理的階級還高一些，所以待遇各方面都會好一點。我希望你好好地幹。」張總伸出手恭喜若菱。若菱此時覺得自己彷彿身在雲霧中，那麼不真實、那麼飄飄然。

又是難熬的一天。好不容易等到下班，若菱又立刻殺到老人的小屋。可是這一次，她敲門敲了半天都沒人回應。

失望之餘，低頭一看，一個白色的信封夾在門的下方。她心一涼，拿起信就貪婪地閱讀，老人的字跡蒼勁有力。

親愛的孩子：

該是你展翅高飛的時候了。我看到你的成長、茁壯，心中有無比的喜悅。記得，要把你得到的祝福跟所有人分享，因爲分享就像感恩一樣，分享出去的愈多，你回收的就愈多。

我又該去雲遊四方了。臨走前，我要送你一句話：「親愛的，外面沒有別人，只有你自己。」

所有的人、事、物都是你內在的投射，就像鏡子一樣地反映你的內在。當外境有任何事物觸動你的時候，記得，要向內看，看看自己哪個地方的舊傷又被觸碰到了，看看自己有哪些陰影還沒有整合好。不要浪費能量在那些不可改變、不可抗拒的外在事物上，先在內在層面進行調和、整理，然後再集中精力去應付外在可以改變的部分。

請你記住，發生在你身上的每一件事都是一份禮物，只是有的禮物包裝得很難看，讓我們心懷怨懟或心存恐懼。所以，它可以是一個災難，也可以是一份禮物。如果你能帶著信心，給它一點時間，耐心、細心地拆開這個慘不忍睹的外包裝，你會享受到它內在那豐盛美好、而且是精心爲你量身打造的禮物。

祝福你，孩子。

讀完這封信，若菱早已淚流滿面。突然，一陣狂風吹來，把輕薄的信紙吹得飛揚了起來。若菱趕緊追逐飄揚在空中的信紙，一陣狂飆之後，信還是飄遠了。若菱悵然若失，但當下臣服。

目送著信紙逐漸消失在天際，若菱感覺自己輕盈得像那封信一樣，可以迎風飛揚。然後，她仰起頭、高舉著雙手，哈哈大笑了起來。

多年後，一個難得的假日，若菱在家，聽見有人按門鈴。她打開門，只見一個怯生生的女孩開口問道：「請問這是若菱的家嗎？我是一個老人……」

34

婚姻是一場修行
親密關係的連結

兩個原本素不相識的人，婚後開始緊密地生活在一起，雙方其實都有一個不自覺的自動保護機制，試圖不讓兩個人變得更加親密。

若菱莞爾一笑，說道：「進來吧！」讓女孩進了屋。

女孩進屋之後，好奇地打量四周環境，看到若菱的家窗明几淨，種了不少綠色植物，知道她已經是個很會生活的人了。

若菱看著女孩，輕聲地問：「怎麼稱呼你？」

女孩這才想起還沒有自我介紹，只拿著老人的「尚方寶劍」就登堂入室啦。

「哦，不好意思，」女孩害羞地說，「我是王雪，你叫我小雪就可以了。」

「嗯，小雪，」若菱還是忍不住問道，「老人好嗎？」

小雪看著若菱，雙眼藏不住笑意。「當然好，還是那個樣子。他倒是要我問問你好不好。」

若菱聽了也不回答，彷彿被勾起什麼往事似的，發呆了好一會兒。看見小雪好奇地端詳她，這才幽幽地回答：「四年了，老人了無音訊，而我，卻經歷了人生中最大的風風雨雨。這豈是『好不好』這個問題可以涵蓋得了的！」

小雪看著若菱，不知道該說些什麼，雙眼充滿了「願聞其詳」的期盼。

若菱幫小雪倒了杯茶，邀請她到陽光房的籐椅上坐下，這才打開話匣子。

「我和我丈夫志明的婚姻結束了。」若菱一開口就語出驚人，小雪「啊」了一聲。

「知道他有外遇之後，我們有一段時間和好如初，雙方都試著去彌補創傷、修復疤痕，但彼此之間的芥蒂已經很深了。」

小雪理解地點點頭。

「後來，反倒是我有了外遇。」若菱真是語不驚人死不休。

小雪又「啊」了一聲，只是這次嘴巴一直沒有合起來，張得大大的。

「他是我的大學同學李建新，」若菱的語氣變得柔和，「我帶他去見老人，他也獲益良多。我們志同道合、意氣相投，最後終於擦槍走火，控制不住了。

「我當時覺得非常非常內疚和羞愧。我才發現，原來『被外遇』還是比自己外遇來得好。」若菱放慢語調，輕聲地說。

「為什麼？」小雪不解地問。

「被外遇，你可以理直氣壯地扮演受害者，責怪對方，大家也都會同情你，你有一個可以發洩憤怒和怨恨的對象。但如果是你自己外遇，就只能被內在那份愧疚感日日啃噬。這個滋味，就像被凌遲一樣地痛苦難受。」若菱說得輕描淡寫，小雪卻聽得全身雞皮疙瘩都起來了。

兩人沉默了一會兒，小雪看若菱陷入若有所思的狀態，忍不住又問：「外遇問題是現代社會非常普遍的現象，如果從心靈、靈修的角度來看，它具有什麼意義呢？」

「嗯，」若菱儼然成了婚姻問題的專家，「**在某些婚姻裡，外遇其實是雙方想要更進一步親密地連結彼此的手段。**」

「啊？」小雪的臉上全是問號。

「兩個原本素不相識的人，婚後開始緊密地生活在一起，雙方其實都有一個不自覺的自動保護機制，試圖不讓兩個人變得更加親密。於是雙方就僵持在那裡，無法更進一步地親近彼此，有個關卡過不去。」若菱說道。

「所以，」小雪試探地說，「為了打破這個僵局，其中一方會向外發展，探索別的領域，其實是在向自己的伴侶發出求救信號？」

若菱以讚賞的眼光看著這個初生之犢，頗有惺惺相惜的味道。「沒錯。」她愉快地回答，「所以，如果兩人的感情基礎深厚，本來就是天生一對，經過外遇事件之後，反而會更加地緊密相連。

「當然，**前提是被外遇的那一方必須能夠面對並放下自己那份『被拋棄』、『無價值感』的痛苦信念，願意真心原諒，就能以喜劇收場。**」

「哦，原來是這樣。」小雪點頭稱是，但一轉念又有問題了。「可是，你，你……」小雪不好意思問下去，不過若菱何等剔透，當然知道她想問什麼。

「當然不是每一場外遇都是這樣的模式。」若菱自在地回答，「對我而言，我的婚姻是我的身分認同、我的堡壘、我的避風港，但我和志明並不是真正志趣相投的伴侶。所以，老天要透過讓我的婚姻破裂，來打破我的某些執著，讓我接受赤裸裸的審判，面對自己不想承認的一切。」

「哦，那你和李建新是所謂的靈魂伴侶嗎？」小雪謹慎地問。

「可以說是，也可以說不是。」若菱仔細思考該怎麼回答比較好，「**其實沒有所謂的『有一個人在此生等著你，要和你一起完成你們累世的盟約』，沒這麼羅曼蒂克。我們的人生，在不同階段會有適當的人出現，提供你靈魂需要學習的課題，甚至幫助你完成這項功課。**」

看著風華正茂的小雪，若菱繼續說道：「不要期待某個人會出現在你的生命中，滿足你所有的心理需求，從此你就不再寂寞了。沒有這回事。」若菱說得直截了當。「有些親密關係是業力關係，對方扮演黑天使的角色，用痛苦的方式讓你學習你的課題。有些伴侶之間的關係則是療癒性的，對方可以讓你在一個比較理性、溫和、有安全感的環境下療癒內在的一些創傷。這兩種都可以說是靈魂伴侶啊！」

「所以，」小雪又勇敢地下結論，「親密關係不是拿來談風花雪月的戀愛，而是用來修行的？」

若菱開心地笑了。「沒錯。」

35

快樂和對錯，哪一個比較重要？

逃離思想禁錮的牢籠

每個人都知道「快樂」比「對錯」重要，但在取捨的時候，還是會選擇自己認為最正確的想法去思考、做事、應對。

兩人靜默了一會兒，小雪喝了口茶，忍不住又要追根究柢。「那你能不能告訴我，你是如何從那麼痛苦、執著的狀況走出來的？是李建新幫你的嗎？」

若菱莞爾一笑。「李建新是提供了一些心理上的支援，但真正走出來還是得靠我自己。」她停頓了一下，像是在回憶當時的淒風苦雨。「我那時想過很多方法，希望走出『愛上別人，卻又想繼續待在婚姻裡，不願意放手』這樣的困境，就算採取自殺這種最激烈的手段，也在所不惜。」

小雪聽得心驚膽戰，不敢出聲。

「但我畢竟是老人的學生，知道自殺絕不是解決問題的方法。」若菱也喝了一口茶，繼續說道，「我當時其實沒有好好運用老人教我的方法，因為我就像一個溺水的人，來不及訓練自己的游泳技術和肌肉，只好拚命尋找可以救命的那一根稻草。於是，我開始到處去上課，尋找上師、法門來拯救我。」

小雪忍不住問：「那你最後找到了嗎？」她心想，看你現在過得這麼好，肯定找到了。

「沒有。」

若菱的回答讓小雪很吃驚，嘴巴又張得大大的。

看到小雪豐富的表情，若菱忍不住笑了。「你想想，所有的問題其實都發生在我之內，哪有什麼上師或法門可以把一個人內在的東西拿走、改變的？」

小雪這次倒是找到機會發揮了。「**老人說過，只有你自己能夠改變自己，愈是迷信大師或埋頭苦修，愈走不出自己內在的問題。**」

「沒錯。」若菱以讚賞的語氣回答。「所以，老人這些年來不見我也是有原因的。他不希望我依賴他，要我走出自己的路！」

小雪理解地點點頭。若菱接著又說：「不過，在追尋大師和法門的過程中，我終於明白了一件事：**最終，我們還是要誠實地面對自己的陰暗面，而不是一味地追求光明。**」

「怎麼說呢？」小雪歪著頭問。

「很多靈修之人每天想的都是要讓自己變得更好、更完美，例如接觸宇宙能量的光和愛啦，嘴上說的也是寬恕啊、感恩啊。這些沒什麼不好。」看到小雪皺眉頭，若菱頗能理解。「但是，如果我們把自己內在那些不想去面對的陰暗人性，都藏在所謂的光明之中，雖然自我感覺良好，但長此以往，是會出問題的。」

「什麼問題呢？」小雪問。

「像很多宗教領袖，其實都有不少醜聞。許多我見過的靈修大師，他們自己的人性面根本都沒有修好，可是嘴上說得非常好聽，令人錯愕。」若菱直率地說，「但很多信徒和追隨者卻完全看不見，只是盲目地跟隨。這就是所謂的『盲人騎瞎馬，夜半臨深池』了，多麼危險啊！或者可以說，很多靈修的人就像在騎旋轉木馬，木馬很漂亮，音樂很大聲、很好聽，自己的感覺也非常好，但都是在原地打轉，哪裡都去不了。」

「嗯，」小雪了解了，「所以靈修的時候，要真正去面對內在那些自己最不想看見的部分，理解它們、接納它們，才能真正地平衡。」

「沒錯。」若菱很欣慰小雪有這樣的悟性。「就像我，我一味地只想維護自己好女人、好媳婦、好太太的形象，所以寧願待在一個沒有感情的婚姻裡，不斷地折磨自己。有一天，當我發現這一切不過是我的一些想法在作祟時，我終於放下，也就走出來了。」

小雪還是不明白。「那些想法也沒有什麼不好、不對的啊。」

「是的，」若菱承認，「它們沒有好壞對錯，只是看你如何取捨。**如果它們綁住了你的手腳，讓你動彈不得，也許你就要衡量一下，是你的自在幸福比較重要，或者，你寧可緊抓著那些想法，讓自己痛苦。**」

「如果人人都能這樣看事情，天下不是早就太平了？」小雪不愧是老人的學生，很快就抓到了重點。「每個人都知道『快樂』比『對錯』重要，但在取捨的時候，還是會選擇自己認為最正確的想法去思考、做事、應對。」

「沒錯。」若菱同意。「所以，最後我體會到，老人教導我的那些東西可以化繁為簡地歸結成一個重點：『我們都生活在自己思想的牢籠之中，卻渾然不覺。』」

「沒錯。」小雪點頭稱是。「不過，我們都脫離不了自己狹隘的思考模式啊！這也是我最感困惑的地方。」

「**想要走出自己的思想牢籠，**」若菱說，「**你首先必須看見自己有很多想法，而且你的想法是阻擋你進入自己內在的和平、喜悅的唯一障礙——你一定要有這個負責任的態度。**」

「嗯，」小雪愈說愈有信心，「在老人的教導下，我的確看得見自己的想法在作祟，它讓我在意別人的眼光，讓我沒有安全感，讓我無法活出真實的自己，一切都是我的想法在從中作梗！但是，」話鋒一轉，小雪道出了天下人的無奈，「我就是走不出自己的想法，好沮喪哦！」

若菱彷彿在小雪身上看到當年的自己——一個困在牢籠中的囚犯，動輒得咎，毫不自由。

「想要走出自己的想法，需要一個很特別的機制，我們一般人不具備這樣的能力。」若菱耐心地解釋，「讓我從頭說起吧。」

36

還我本來面目
回歸真我的自然狀態

其實我們早就認識了自己，只是因為妄想、執著，而產生了「未知的自己」。放下那些概念，就回到最原始的狀態了。

這時，若菱的眼神明亮，語氣也變得熱烈，開始分享她的最新心得。「其實，老人說的愛、喜悅、和平，都是真我的副產品，不是真我本身。它們是你回歸真我之後的自然狀態。」

小雪聽得有點迷糊。「那真我是什麼？」

若菱神秘地一笑，反問小雪：「你聽過『道生一，一生二，二生三』的說法嗎？」

小雪點頭。「這是道家思想的精髓，其實也是各大宗教追根溯源的相通之處。」

「是的，」若菱開心地說，「所謂的道，就是我們的本色、本性，也就是所謂的真我、佛性、大我……說法太多了，族繁不及備載。」若菱停頓了一下，看小雪是否跟得上。

小雪若有所思，緩緩地說：「好像非常虛無縹緲……」

「沒錯！」若菱很興奮，「我們的本來面目就是合一的、空無的虛空。就是道，就是那個空！」

小雪點點頭。她雖然聽不太懂，但內心深處的確有所共鳴，彷彿有一個音符被敲中了。

「然而，**人類生活在這個二元對立的世界中，每天都在自己的價值觀上面打轉——這件事對我有利，那件事有害；我喜歡這個，不喜歡那個；這個人對我有幫助，那個人沒用；我要這個，不要那個**。我們是不是這樣終其一生庸庸碌碌，都在這『取』與『捨』之間打轉呢？」

小雪立刻點頭。對於這一點，小小年紀的她已經深有感觸。從小她就覺得大人都好奇怪，每天不停地計較利益得失，從來不考慮形而上的東西。她一直認為，我們的生活好像不應該只限於眼睛看得見的這個世界，看不見的世界應該比看得見的世界更豐富、更有趣。就因為這樣，小雪的父母還差點兒把她送進精神病院。

「既然是二元對立，」若菱直視小雪的眼睛，「那你有沒有想過，為什麼我們人類都把焦點放在『有』，沒有人注意『無』？」

這句話完全說到小雪的心坎裡，她的淚水已經在眼眶邊上打轉了。看著若菱，小雪說出她從來沒有機會對別人說的話：「『無』的世界其實更豐富、更好玩。沒有『無』，哪來的『有』？」說完之後，她鬆了一口氣。總算有人聽得懂她說的話，而且不會把她當成神經病了。

若菱立刻對這個女孩刮目相看，知道她已經了解人類解脫的最大秘密——從運用「有」到運用「無」。如果人類能夠培養運用「無」的能力，像重視「有」一樣地重視「無」的話，這個世界就有救了。

「再用通俗一點的話來說，**我們人類以為快樂、滿足是透過不斷地累積『有』而獲得的，沒有人去體會或重視『無』，每個人的做事和應對方式，以及想法和說話內容，都是在『有』的世界裡取捨、打轉。我們所有人都被自己的價值觀操控，進入了一個死胡同，困在裡面找不到出口。**」若菱感慨地說。

「那要怎樣才能喚醒人們重視『無』？怎樣才能訓練人們去注意『無』、運用『無』，而不是天天在『有』的物質世界裡打轉？是不是靈修的人愈來愈多之後，這樣的轉變就會發生？」小雪熱切地問。

若菱嘆了口氣。「現在靈修的確已經逐漸成為一種風潮，很多人開始關心內在的世界。表面上看起來，他們是在關注『無』，但許多靈修作為還是停留在『有』的階段，甚至把『無』拿到『有』的世界裡用。」她看了小雪一眼，滿臉無奈，「我接觸過的許多靈性老師和大師都把『無』拿到『有』的世界裡使用，他們對名利的企圖心，以及維護小我的急切之情，一點都不輸外面世界的人，真令人惋惜。」

小雪理解地點點頭，還是不放棄。「那我們該如何幫助人們體會『無』呢？」

若菱緩緩地回答，生怕說快了小雪聽不懂：「**大多數人每天都為了有意義的事物忙碌著，如果在日常生活中，我們可以去觀照念與念之間的空隙、聲音與聲音之間的寧靜，以及物體與物體之間的空間，就能啟動回歸『空』的能力**。這也是我在前面所說的，想要脫離自己思想的牢籠，必須具備看著『空』、運用『空』的能力，而這個能力可以經由觀空、體會空的行為來訓練。」

小雪皺著眉頭。「那麼，觀空之後，我們看所有的事情是不是都會覺得沒有意義，什麼事都不用做了？」

若菱笑了，她了解小雪的擔心是每個人都會有的。「不會的，我們每天還是照常生活、工作，該做什麼就做什麼，只是加入了『空』這個概念，去衝撞我們無數個『有』的概念。這樣一來，你就會有一個觀察者，在觀照著這一切『有』和『無』的概念，過一段時間以後，你就有能力脫離自己思想的牢籠了。」

「哇，這個太酷了！」小雪興奮地說。

若菱對於小雪有這麼高的領悟力和接受度也頗感欣慰，便更加深入地和她分享。「這個能夠包容『有』和『無』的觀察者，其實就是一個黑白分明的太極圖。我們每一個完整的人都應該是一個兼具『有』和『無』的太極圖，而這個太極圖最終會回歸到我們原始身分的空無——無極。那個時候，就是真正大解脫、大自在的時刻了。」

小雪聽得眼睛都發亮了，抓著若菱的手說：「太棒了，這就是老人送我來的目的吧？」

若菱點點頭，告訴小雪：「你去泰山禪院請教丁愚仁老師，他是一個真正通達的明白人。」

小雪歪著頭，俏皮地問：「其實，我們沒有離開過家吧？書上都是這麼說的。」

若菱笑了。「沒錯，我們一直安住在家中，沒有離開過，只是我們的妄想、顛倒夢想——也就是我們腦袋中的無數概念——阻礙著我們，讓我們看不見這個事實。拋棄那些概念，你就會發現自己穩坐家中，哪裡都沒去。」

小雪點頭稱是。「**其實我們早就認識了自己，只是因為妄想、執著，而產生了『未知的自己』。放下那些概念，就回到最原始的狀態了。**」說完之後，她一時百感交集，覺得自己透過一個下午的談話，已經成長了許多。

午後的一抹冬日陽光灑進來，照在若菱和小雪身上，她們相視而笑。「『以心印心』就是這種感覺吧，」若菱感慨地想，「彷彿自己看著自己，無比熟悉。」

後記

期待解開謎團，與大家分享

二十五歲那年，我在臺灣電視公司播完午間新聞之後，頂著一臉濃妝，開著豪華的富豪轎車，準備回到位於臺北市仁愛路名人巷的豪宅，與我那個名人夫婿共進午餐。在等紅綠燈的時候，我不經意地看到了後視鏡中的自己，嚇了一跳！那是一張年輕姣好的臉，秀麗的五官被濃妝襯托得更加出色，但滿面的愁容，暴露出我是多麼地不快樂！

當時我就很納悶：我是臺視新聞主播，臺大畢業的高材生，年輕貌美，開著名牌轎車，住在豪宅裡，又有個名人丈夫——任何人只要擁有其中一項，就應該很高興了吧？然而，為什麼我會如此不開心？

當時的我非常無明，自知力很差，智慧未啟。我想了半天，結論就是：我的老公不好，如果找個新好男人，生個一男一女，我一定就會快樂起來。

十年後，場景一變，我住在北京郊區的別墅中，有三個幫傭，一個專職司機，一個新好男人，以及一男一女兩個可愛的孩子。但是，我又不快樂了，覺得人生實在沒什麼意思，對生活感到意興闌珊。當時我擔任培訓顧問，提供與銷售、市場、團隊精神、溝通技巧等有關的培訓課程給各大公司，收入相當不錯。我覺得自己不快樂的原因是：沒有在一家具有全球知名度的大公司工作，小公司舞臺有限，排場不夠。

後來，我當時的老公轉職到新加坡，為另外一家公司工作，我們也隨之舉家遷往新加坡。然後，我在一個很偶然（後來才知道，世界上沒有「偶然」這件事）的機會下，進入一家國際知名的大公司。在短短一年內，我這個新手的薪水就漲了一倍，並晉升為那家公司在亞太地區一個重要軟體部門的行銷經理。這份光鮮的工作最後以我罹患憂鬱症收場。我看到老天露出了一個促狹的笑容：你還要什麼？你要的我都給你了，你還要什麼？

二〇〇二年底，我辭去新加坡的工作，全家搬回北京。

從那時候起，我決定全力追求內在的心靈世界。我參加了中國、臺灣、香港、澳門、印度、新加坡、美國及澳洲等地的各種心靈成長課程，讀了一百多本中英文心靈書籍，每日靜坐冥想，勤練瑜伽。這段向內探尋的旅程，幫助我回顧既往，看見自己如何在先天及後天的種種條件下，受命運的牽引和個人業力的鉗制，如何被隱藏在自己潛意識裡的自動化反應模式所制約，展開我那精采、豐富、神奇又坎坷的前半生。

而這段期間，我一直活得不快樂。

經過多年的努力搜索、研究，我不敢說已經跳出自己的人生模式了，但是，我對自己的一言一行、起心動念已經有了更深的了解，而且收集了各式各樣的心靈成長課程和資料。在這種情況下，我寫了這本《遇見未知的自己》，在二〇〇七年底出版。這本書到現在已經在華語世界銷售了一百多萬冊，而且盛況不衰，至今仍是暢銷書排行榜上的常客。我成了華語世界首席身心靈暢銷書作家（好沉重的頭銜！），從一名家庭主婦，搖身一變成為名利雙收的名作家。這段心路歷程，我都寫在《愛上自己的不完美》這本書的序言中。總而言之，從平淡到絢爛，再由絢爛歸於平淡，是對我這段經歷最好的描述。

二〇〇九年，我的生命中出現了一個極大的挑戰，我發現以前所學的那些心靈成長知識完全派不上用場，好像花拳繡腿一樣，碰到了巨大的撞擊，完全使不上力。我的確深切地體會到「你創造自己的實相」——我們必須為進入自己生命中的人、事、物負起全部的責任。但是，知道了又能怎麼樣？頭腦上的知道並不能化解我們被業力牽引，而在紅塵人海中浮浮沉沉的命運，也不能免除我們作為凡夫俗子而必須為生活奔波、為俗事煩惱的痛苦。我還是無法擺脫命運的捉弄、個性的制約，以及如影隨形、頑固不化的「潛意識自動化反應模式」。

於是，我更加積極地上心靈課程，學習各種不同的成長方法，拜訪許多大師，希望在他們身上找到「大自在、大解脫」的真正方法，而不只是頭腦「知道」它們。結果，換來的是一再地失望。我發現，我腦袋裡的思考模式、我的眾多「信念」，是阻礙我獲得自在解脫的最關鍵因素。我彷彿是一個受困在自身思想牢籠裡的囚犯，而眾多大師的教誨、各種方法的修練，只是讓「牢籠」變大而已——脾氣變得比較好，心胸比較開闊，人也活得比較快樂，但碰到生命中一些主要功課時，我還是動不動就會「撞牆碰壁」。所以總括來說，四十歲以前，我全心全意地追逐外在事物；不惑之年以後，我開始向內探索，尋找外在物質世界無法滿足我們的真正原因。上課、看書、學習、研究，表面上是進入了精神領域，但還是在「有」的層次鑽研。

二〇一二年是我的知天命之年，在機緣巧合下，我開始探索「無」和「空」。從外在走向內在，從有走向無，老天的安排真是巧妙。而那個「空」，根據泰山禪院丁愚仁老師的教導，就是我們的本性。他教我不斷在生活中運用那個「知」去觀大千世界的萬事萬物，然後發現自己就是那個「知」，是承載萬物的「空」。我的好朋友人然形容得很好：一個盤子裡擺滿了物品，你的目光只會注意那些物品，但我們的本性、自性其實是那個盛裝物品的空盤，當你逐漸能夠在物品與物品之間看到盤子時，就可以發展出觀盤子，也就是觀空的能力了！

而美國作家傑德・麥肯納的靈性開悟三部曲（第一部《靈性開悟不是你想的那樣》已由方智出版社出版）更是讓我知道，所有的靈性修持只是在幫助我們將人生的惡夢變成美夢（本書也不例外），而非真正讓我們從人生大夢中醒來。但誰想真正醒來呢？在這個物欲橫流的社會中，關注內在世界的人已經不多了，而關注內在世界的人也往往為名利和小我效勞、服務，想脫離這個幻相多麼困難啊！

就在我生命最谷底的二〇一〇年，我碰到一個自稱會「接訊息」的人（我一向不太喜歡這種事），他轉達了一位神祇交給我的一首詩，說是我的任務：「思本無為出雲端，想像事實本兩般。導出源頭精微處，引導世人出謎團。」我看了以後不笑反怒，因為我的狀況那麼糟，自己都在一團迷霧中，怎麼可能引導世人走出謎團？而且，我也沒有那樣的豪情壯志，並不想拯救任何人。不過，我自己心裡明白，我是一個發心分享的人，如果我解開謎團了，一定會毫無保留地和大家分享。我期待那一天的來臨。

國家圖書館出版品預行編目資料

遇見未知的自己【恩佐全彩插圖典藏版】 / 張德芬著. -- 初版. -- 臺北市：皇冠, 2020.01
面；　公分. -- (皇冠叢書；第4789種)(張德芬作品集；4)
ISBN 978-957-33-3508-5(平裝)

1.修身 2.生活指導

192.1　　108021951

皇冠叢書第4789種
張德芬作品集04
遇見未知的自己
【恩佐全彩插圖典藏版】

作　　者—張德芬
發 行 人—平　雲
出版發行—皇冠文化出版有限公司
台北市敦化北路120巷50號
電話◎02-27168888
郵撥帳號◎15261516號
皇冠出版社(香港)有限公司
香港銅鑼灣道180號百樂商業中心
19字樓1903室
電話◎2529-1778　傳真◎2527-0904
總 編 輯—許婷婷
美術設計—嚴昱琳
著作完成日期—2013年3月
初版一刷日期—2020年1月
初版七刷日期—2023年10月
法律顧問—王惠光律師

讀者服務傳真專線◎02-27150507
電腦編號◎565004
ISBN◎978-957-33-3508-5
Printed in Taiwan
本書定價◎新台幣380元/港幣127元